2013.3.19

經典哲學名著導讀
009

維根斯坦與《哲學研究》

Wittgenstein and the Philosophical Investigations

瑪麗・麥金（Marie McGinn）◎著
李國山◎譯

目錄

導論

路德維希·維根斯坦，一八八九年四月二十六日出生於維也納，一九五一年四月二十九日去世於劍橋。如今，他已被公認爲二十一世紀最傑出的哲學家之一。其思想富於力量和原創性，這表明他擁有獨一無二的哲學頭腦，而許多人更樂意稱他爲天才。他的人格和思想都極具魅力：他的學生及其他一些了解他的人，寫下了大量關於他的回憶，而由他的哲學工作引出的二手文獻，更可謂汗牛充棟。所有這些回憶錄均證實，他不僅具備卓越的理智洞察力和一貫的道德誠實，而且掌握了一些了不起的實際技能。同時，他也是一位給人鼓舞的、忠實的、時常有些苛刻的朋友。相反，由他的哲學工作所引起的反響，卻並非整齊劃一，無論是闡釋還是評價，均呈現出巨大的差異。

維根斯坦生長在一個富有的實業家的家庭，這個家庭擁有廣泛的文化興趣。他於一九〇八年首次來到英國，入曼徹斯特技術學院，註冊爲工程學系研究生。在設計一種噴氣式推進器的工作過程中，他愈來愈對由這種設計引出的數學問題感興趣。一九一一年，他轉入到劍橋大學跟從哲學家貝特蘭·羅素學習數學哲學。到一九一二年，羅素便折服於維根斯坦的天才，鼓勵他放棄航空動力學，獻身哲學研究。同年，他向劍橋道德科學俱樂部提交了第一篇論文。論文的主題是「什麼是哲學？」，這表明，維根斯坦從一開始便認識到，重要的是理解哲學問題的本性，並思考處理它們的適當方法。對診斷與方法的關注，一直是維根斯坦整個哲學發展的特點。

第一次世界大戰爆發之前，維根斯坦一直致力於邏輯學和數學基礎方面的研究。他的工作大都是在挪威完成的。維根斯坦到那裡是爲了躲避當時劍橋的學術討論，因爲他感到這種討論多半是自作聰明。這期間他做出了許多關於邏輯和語言的發現，這些發現後來成了他的第一部著作《邏輯哲學論》（一九二二年）的主要基礎。這是他有生之年發表的唯一一本主要的哲學著作；他的第二部主要著作——《哲學研究》——的創作大約始於一九三七年，止於一九四五年，但直到一九五三年才作爲遺著問世。這兩部著作均爲獨一無二的傑作，一眼便能看出二者的反差來。雖說這兩本書都以語言爲中心話題，可早期著作是高度抽象化、理論化、精確化和教條化的，而後期著作則是具體的、描述性的、帶點散漫性的，其哲學目的似乎閃爍不定、掩而不彰。它們顯然出於一人之手，可此人對其哲學任務的構想，卻發生了深刻的變化。

維根斯坦在挪威的工作，由於第一次世界大戰的爆發而被中斷，此時，他返回維也納，應徵入伍。維根斯坦儘管親歷加拉蒂亞和義大利的戰事，卻沒有停止關於邏輯和語言的思考。一九一八年，他在義大利成了戰俘，背包裡裝著《邏輯哲學論》手稿。這場戰爭和這部哲學巨著的創作，讓維根斯坦心力交瘁。他覺得自己的哲學工作已經完成。他處心積慮地將從父親那裡繼承來的遺產全部分送出去，然後接受訓練去當一名小學教師。接下來的幾年，他經歷了極度的孤獨與緊張。儘管他相信自己與哲學已了斷，可他還是急於想把自己七年的心血之作公之於世。可是，由於《邏輯哲學論》行文方式怪異，再加上文字過於簡略而晦澀，出版商生怕做賠本買賣而不願出版它；即便是維根斯坦最爲讚賞的人士——弗雷格和羅素——也感到理解它很困難。不過，羅素最終得以利用自己的影響而讓 Kegan Paul（亦即後來的 Routledge and Kegan Paul）出版了這部著作，前提是羅素須爲此書撰寫一篇導言。

一九二〇年，維根斯坦完成了小學教師培訓，並前往下奧地利的一所小學任教。這項工作一直持續到一九二六年。他接受的是「奧地利學校教育改革運動」的教學方法訓練。這些教學方法拒絕死記硬背，著眼於開發兒童的好奇心，鼓勵獨立思考，並容許孩子在實際的練習中做出自己的發現。維根斯坦滿懷熱心而又極富創造性地運用這些原則，並相當成功地發揮了作爲一名教師的才能。然而，由於維根斯坦的家庭背景、所受教育及個人性情與學生家長們天差地遠，這些奧地利農民對他的教育方法表現出極大的懷疑，而維根斯坦也對他們產生了敵意，並感到自己的工作很失敗。一九二六年，他徹底放棄教學工作，回到維也納。他做了一段時間的園丁工作，後來擔任一幢房屋的建築師，這幢房屋是維根斯坦的姐姐 Margaret Stonborough 的，最初由著名建築家保羅・恩格爾曼設計。

這段時期，維根斯坦沒有在哲學方面做新的工作，不過他仍同哲學家們保持著聯繫，跟他們討論《邏輯哲學論》的觀點。劍橋大學的弗蘭克・拉姆塞仔細研讀了這部著作，並多次前往奧地利，與維根斯坦一起討論它。維也納大學哲學教授、維也納學派的主要成員莫里茨・石里克也研讀了維根斯坦的著作，並對之深表欽佩。一九二七年，石里克說服維根斯坦，前去參加他及魏斯曼、卡爾納普、費格爾等學派中其他成員的定期會面。相互的討論並不完全成功，因爲大家慢慢意識到，維也納學派的成員們錯誤地認爲，《邏輯哲學論》提出的是一種類似於他們的實證主義哲學的學說。事實上，維根斯坦並不贊同他們對形而上學的態度、對科學的尊崇，或者關於哲學和倫理學的觀點，而他本人探討哲學的方式——卡爾納普認爲，這種方式更接近藝術創作，而非科學研究——這意味著彼此的合作是有限度的。最富於成果的討論是關於邏輯學和數學基礎方面，而這些討論，既標誌著維根斯坦再次全身心投入到哲學工作，也標誌著他對《邏輯哲學論》中的觀點首次做出了改變與發展。

一九二九年，拉姆塞勸說維根斯坦重返劍橋，跟他一起進一步研究《邏輯哲學論》中，概要地表達出、關於數學基礎的觀點。十六年後，維根斯坦在爲《哲學研究》撰寫的序言中這樣寫道：

> 十六年前，我重新開始了哲學探討。從那以後，我就開始認識到，我在第一本書中犯下了嚴重的錯誤。是弗蘭克．拉姆塞——在他去世之前的兩年中，我跟他進行了無數次的討論——對我的觀點的批評，幫助我意識到了這些錯誤，而這種幫助到底有多大，是我自己難以估量的。

維根斯坦相信，這些錯誤不只出現在他提出的邏輯和語言理論的細節方面，而且也出現在《邏輯哲學論》所表現出的那種整體思想風格上。儘管在其前期和後期工作之間無疑存在一些連續性——尤其是這種信念：「哲學家們的命題和問題大都源於未能理解我們語言的邏輯。」（《邏輯哲學論》4.003）——但維根斯坦尋求消除哲學混亂的方式，還是逐步完成了著眼點上的根本轉換。《邏輯哲學論》企圖借助一種爲可說的東西做出準確無誤的限定的抽象理論，爲可思考的東西畫定界限，而後期維根斯坦則愈益關注具體的、複雜的、多樣的、不確定的語言現象的詳細運作過程。他不再試圖透過構建一種闡明語言之本質的理論，去消除關於我們語言的邏輯的混亂——他認爲這便是導致哲學問題產生的根源——相反，他透過提出一種關於語言如何在說話者的日常生活中發揮作用的明晰觀點，發展出了一系列防範這些誤解的技法。

維根斯坦回到劍橋時是研究生的身分，不過，在被授予哲學博士學位——他提交的學位論文就是《邏輯哲學論》——之後，他便被任命爲大學講師。他開設了一系列的講座課程，並利用開課的機會發展自己的新見解，而現在發表出來的多數著述都是以此爲基礎的。諾爾曼・馬爾康姆於一九三九年第一次參加維根斯坦的講座，他是這樣描述講座的情況的：

他的講課沒有事先準備，也不借助備課筆記。他對我說，他曾試過按筆記講，但效果令他極不滿意；這樣講出來的思想「陳腐不堪」，或者，像他對另一位朋友說的，當他讀出那些字句時，它們就宛如一具具「僵屍」。他告訴我，採用這種方法後，他準備講座，就只是在開講前花上幾分鐘，回想一下前些次課的探討進程。講課開始時，他會簡要總結一下這一進程，隨後便往下進行，試圖用新鮮的思想把研究向前推進。他告訴我，他之所以能以這種即席的方式授課，完全依仗這樣的事實，即他對所討論的每一個問題都做過，而且一直在做大量的思考和寫作。這無疑是真的；儘管如此，課堂上所進行的大都是新的研究。

（《回憶維根斯坦，附馮・賴特撰寫的小傳》，馬爾康姆，一九八四年，第二三至二四頁）

在劍橋的這些歲月裡——他於一九三九年當選爲這裡的教授——維根斯坦講過語言、邏輯、數學基礎及心理學哲學方面的課程。其中有些講座內容現已出版，或以維根斯坦本人的講課筆記形式和以學生課堂筆記的形式。這期間，維根斯坦不斷地以手稿的形式記下自己的見解，這些手稿幾乎構成了他每天思想發展的日記。其中的大部分現已發表。此外，他還向其學生口述了三個系列評論，分別以《黃皮書》（一九三三至一九三四）、《藍皮書》（一九三三至一九三四）和《棕皮書》（一九三四至一九三五）爲題出版。維根斯坦自己用所有這些資料，準備了多個打字稿，其中包括一篇《哲學研究》（一九三七至一九四五）的打字稿和一本《字條集》（一九四五至一九四八）。一九四七年，維根斯坦從劍橋的教授講席上退下來，到愛爾蘭西部的 Galway 海岸，住進一間對外隔絕的小屋，在那裡繼續探討哲學。在生命的最後幾年裡，他的思想仍完全保持其力量與原創性，他在心理學哲學、知識和懷疑論以及顏色理論方面，依然做著重要的全新工作；而且，儘管他有時由於病重而無法工作，可他在去世前兩天，仍在產生原創性的思想。

在述及維根斯坦的影響時，他的學生馮．賴特指出：

> 維根斯坦認為，他作為教師的影響，從總體上看，是有害於他的學生們的個人心智發展的。他這樣說恐怕是對的。我相信，我能部分地理解為什麼是這樣。維根斯坦的思考深刻而富於原創性，所以，要理解他的見解是很難的，而要把它們融入個人的思考中就更難了。同時，他的個性和風格的魔力，又是最難抵禦的。跟著維根斯坦學習，幾乎不可避免地要採用他的表述方式和慣用語，甚至去模仿他的聲調、神采和姿勢。

這樣做的危險是，思想會蛻變為行話隱語。偉人們的教導通常簡單而自然，而這會讓困難的東西看似易於把握。因此，他們的學生往往會變成不足以稱道的模仿者。這類人物的歷史價值，並不在他們的學生身上表現出來，而是要通過更為間接、微妙，且通常意料不到的影響展現出來。

（《回憶維根斯坦，附馮．賴特撰寫的小傳》，馬爾康姆，一九八四年，第一七頁）

這樣將維根斯坦的影響看作成問題的，從某種程度上說是有道理的。像安斯康姆、馮．賴特、彼特．溫奇、安東尼．肯尼和約翰．麥克道爾這樣的哲學家，都是沿著維根斯坦式的獨特思路去發展他們的思想的。此外，我們既能看到，圍繞維根斯坦思想的大量文獻編撰和學術闡釋工作，也能看到他對當代哲學思想無處不在的間接影響。不過，人們的總體感覺依然是：他是一位遺世獨立的思想者，他那與眾不同而又鮮明強烈的聲音，根本就是無法被模仿的。這實際上也似乎印證了維根斯坦本人對此事的看法：

到底是只有我才不能創立一個學派，還是說，沒有哪個哲學家可以做到這一點？我無法創立一個學派，因為我真的不想被人模仿。至少，不想被那些在哲學期刊上發表文章的人所模仿。

（《文化和價值》，第六一頁）

即便在受其影響最大的心靈哲學領域，仍可以說，他的見解一旦被從其原生土壤中移植出去，就會失掉某種東西。儘管他的著述一直是每一位哲學研究者都熟悉的許多哲學洞見的源泉之一，可最終施展強大影響的，不只是他的見解，還有他的著述所展現出的獨一無二的思想風格。

在如下對《哲學研究》的闡釋中，我並未企圖模仿這種思想風格，而只是想盡量清晰地記錄這部著作用於診斷和預防維根斯坦眼中的，那些哲學誤解的特有方式，而這樣來追尋他的思想路線。我想要傳達的，不只是這種思想的獨特韻律，還有它特有的準確性和完整性。我相信，不單單是維根斯坦從自己的研究工作中得出了一些教訓，以下所有這些觀念也是胡塞爾、海德格和梅洛．龐蒂的現象學傳統所熟知的：從使用中的語言的視角才能眞正理解語言；不存在私人的內在現象領域；強調身體作爲人的靈魂的客體化；以生命體與非生命體的區分取代心與物的區分；強調形式觀念；訴諸跟其他人類主體的前認識關係，這種關係根植於我們對他們的直接應答性。維根斯坦的獨特之處即表現爲：他認爲上述這些洞見切不可充作某種正面哲學立場的基礎，同時也表現爲他據以使我們確信它們爲眞的那一整套探究方式，而這正是他對哲學的原創性貢獻。我對文本的解說要解釋的，正是維根斯坦處理哲學問題的獨特方式，而不只是從中可得到的那些教訓。

第一章　風格與方法：《哲學研究》§89—133

導言

維根斯坦的《哲學研究》關注的兩個主要論題是：語言哲學和哲學心理學，同時一眼就能看出，維根斯坦處理這些論題的方式，完全不同於其他任何哲學家。首先，這本書形式上非常獨特，沒有通常用於指明論題的章節標題，只分爲這樣兩個部分：第一部分由六百九十三條獨立標號的評論構成，篇幅由一行到數段參差不齊；第二部分共十四小節，每一小節由未作編號的分散評論構成，有些只有半頁的，也有長達三十六頁的。其次，這些評論沒有給出論證和清晰的結論，與涉及廣泛的論題——其中許多論題在全書中反覆出現——卻沒有就其中的任何論題做出清晰、最終的陳述。維根斯坦用的標號很複雜，也很獨特；許多評論是維根斯坦和一名對話者的交談，並不是總能弄明白，紙稿上的話到底是維根斯坦的斷言，還是其對話者的斷言，抑或是表達了欲行探討的某個思想。評論經常包含一些問題，而維根斯坦似乎並未做出回答；評論中還時常用到一些類比，而這些類比到底要說明什麼，又無法直接看出來。更多的評論包含具體事例的描述，有實際的事例，也有虛構的事例，全然不同於其他哲學著作用到的例子，而維根斯坦似乎從未想過以它們作爲概括的基礎。

正是維根斯坦處理這些論題的獨特方式，讓《哲學研究》理解起來很困難。倒不是說他的風格是技術性的或抽象化的，而是說，難以看清在這樣一種行文風格之下，維根斯坦的方法到底是什麼，或者，它到底是如何發揮作用的。雖說如此，理解維根斯坦的方法及其與文本形式的關聯，仍是理解《哲學研究》的關鍵。原因有兩個：其一，只有通過這種理解，我們才知道如何解讀書中的評論；其二，維根斯坦本人反覆強調，他的後期哲學著重的是一種方法或一種思想風格，而非現成的理論學說。此外，正因爲他堅持認爲，他的哲學目標並不會促使他提出「任何一種理論」（《哲學研究》§109），所以，方法問題及如何解讀他的評論的問題才顯得困難起來，因爲這表明，我們無法以尋常的方式看待這本書，想著怎麼去找出並提煉其中的觀點。

維根斯坦本人也意識到，要理解《哲學研究》中的評論是很困難的。在序言中，他對該書能否被理解表示悲觀。他也時常談到我們對他倡導的思考或處理問題方式的牴觸：

我力主一種研究的方式……這種研究極為重要，卻與你們有些人的研究格格不入。

（《維根斯坦關於數學基礎的講座》，第一〇三頁）

有這樣一個困難：（他的方法）要求「一種思考方式」，而這種思考方式我們適應不了，沒有經過它的訓練——這種思考方式完全不同於科學所要求的那種。

（《維根斯坦的講座，一九三〇至一九三三年》，第四四頁）

因此，要是初讀此書時，弄不懂維根斯坦要表達的意思，或者不知道該如何利用他給的例子，不必大驚小怪。初看之下，這本書零散而冗長，所以難以弄清楚，到底怎樣才能將維根斯坦的見解，跟我們在傳統哲學中常見的那類關於語言和主體性的問題勾連上。參加維根斯坦講座的學生們道出了同樣的困惑，這些講座的討論方式也反映出了維根斯坦的寫作方式：

> 要跟上這些講座的思路，相當困難，因為事實上很難弄明白，這種翻來覆去而又具體詳盡的談論，到底要表達些什麼——所舉的例子如何相互關聯起來，所有這些，又如何跟我們慣於以抽象術語表達的問題聯繫上。
>
> （〈作為教師的維根斯坦〉，Gasking and Jackson，第五一頁）

面對這些困難，我們禁不住會把文本表面上的散亂，視作一個必須加以克服的缺陷，於是便對這些單一的評論刨根問柢，看看其背後有沒有一種隱而不露或正待生成的關於語言如何發揮功用，或我們的心理學概念如何起作用的理論。這樣做的代價是，我們必須假定維根斯坦爲其作品精心打造的形式，對於他的哲學目標是無關緊要的，只是表明他沒有能力按慣常的格式表達自己的觀點。這種探究方式還意味著，我們理解不了維根斯坦這樣的一些評論：「我們提不出任何一種理論」（《哲學研究》§109）、「哲學既不解釋也不演繹任何東西」（《哲學研究》§126）、「我們必須廢棄所有解釋，只以描述取而代之」（《哲學研究》§109）。顯然，有些闡釋者寧願付此代價，例如，格雷林就表達了如下的觀點：

> 依我看，維根斯坦的著述不僅是可概括的，而且確實需要概括……說維根斯坦的著述不包含系統可表達的理論，這也不對，因為它們確實包含理論。重要的是，要區分開

> 維根斯坦說了什麼與他說出它的方式；他的後期著述從風格上講是非系統性的，但這並不意味著它們在內容上是非系統性的。
>
> （《維根斯坦》，格雷林，第五至六頁）

不過，我依然堅持相反的觀點，並且假定任何令人信服的闡釋，都必須要弄懂《哲學研究》的形式，以及維根斯坦關於他哲學方法的性質的那些評論；任何其他的探究方式，都完全有悖於他寫作和編排評論時的良苦用心。

關於一種語法研究的觀念

如前所述，維根斯坦本人完全意識到了我們理解他的作品時面臨的困難，甚至也意識到了我們會對他的思考方式表示牴觸。他認爲這種困難「不是具體科學的困難，而是實現態度轉變的困難」（〈哲學〉，載於《哲學大事記：一九一二至一九五一年》，第一六一頁）。他要我們從事一種新的研究，這種研究不是要建構令人稱奇的新理論或新闡明（elucidations），而是要考察語言。因爲他相信，我們遭遇的哲學問題根植於「對我們語言邏輯的誤解」（《哲學研究》§93）；它們「不是經驗問題」，而是這樣一些誤解，「消解它們的辦法……是探尋我們語言的運作過程，使我們識別出了這些過程：儘管有誤解它們的強烈衝動」（《哲學研究》§109）。在維根斯坦看來，語言既是產生哲學問題的根源，又是克服它們的手段：

哲學是一場反對藉語言迷惑我們理智的戰鬥。

（《哲學研究》§109）

我們正與語言相抗爭。

我們致力和語言的抗爭。

（《文化和價值》，第一一頁）

我們使用的「哲學」這個詞，指的是一場反對由語言表達方式施予我們魔力的戰鬥。

（《棕皮書》，第二七頁）

語言既然有這種透過錯誤類比和引誘進行誤導的威力，那麼，表面的相似性就必須被識破，而要做到這一點，就只有通過更清楚地了解語言的實際運作過程，亦即了解構成我們語言的不同區域的那些概念，實際是如何發揮功用的。維根斯坦有時將圍繞某一特定概念而起的哲學誤解比作一團「迷霧」（《哲學研究》§5），他相信，要驅散這團迷霧，我們就得擁有關於我們的概念如何發揮功用的一種清晰的觀點，而唯有通過仔細考察我們的概念在其中被使用的一系列特殊的具體事例（其中有些是虛構的），方可獲致這種觀點。

在《哲學研究》§90中，他將自己從事的這種研究，描述爲「一種語法研究」，這種研究通過澄清我們語言的用法去解決哲學問題。「一種語法研究」的觀念在維根斯坦後期哲學中居於中心地位，也是理解其作品的關鍵。《哲學研究》可視作特殊語法研究的大匯總，其中的每一項研究，都考察我們語言的某個區域的詳細運作情況，這個區域一度成爲哲學神話和混亂的聚集點。這些關於我們語言的某個部分如何運作的研究，總是微妙而複雜的，而維根斯坦到底如何以它們爲手段來揭穿哲學問題，則只有通過查看他的方法實際是怎樣工作的，方能正確地理解。我解說《哲學研究》的一個主要目的是，密切跟隨維根斯坦的特殊語法研究的思路，力圖準確表明，他的語法研究方法是如何通過把握一種關於我們使用語詞的清晰觀點，去診斷和預防哲學混亂的。因此，如下有關語法研究方法的一般評論只是想概括地指出，維根斯坦是如何處理哲學問題的，以及他的處理方法是怎樣面對傳統哲學的。

維根斯坦把語法研究描述爲：在這種研究中，「我們提醒自己……注意我們就現象所做出的陳述類型」（《哲學研究》§90）。不應將這種研究理解爲僅僅是對何爲合乎句法構造的句子感興趣；就此而言，維根斯坦是在與傳統不同的意義上使用「語法」這一概念的。他對「語法」概念的使用，無關乎作爲符號系統的語言，只關乎我們對語詞的使用，以及我們使用語言的實踐的結構。這裡引入「我們使用語言的實踐」這一概念，是想引出這樣一個關於語言的觀念：不是作爲「某種非空間、非時間的幻相」，而是作爲「空間的和時間的現象」（《哲學研究》§108），亦即作爲使用中語言的現象。維根斯坦的語法研究方法是這樣：我們據之提醒自己注意那些個別的用法形式的細節，這些細節就構成他所稱的「我們概念的語法」。維根斯坦用於描述我們概念的語法——我們對語詞的使用——技法各式各樣，主要有：設想我們使用某一概念或表達式的多種情況；追問我們如何把它教給一個孩子；追問我們如何去證實它適用於一種特定的具體情形；考察意見分歧所起的作用，以及它可能具備確定性的性質；詢問如若某些自然事實變了，它是否依然可用；設想我們在許多獨特情形下會怎麼說；把我們對某個表達式的使用同維根斯坦虛構的例子相比較……等等。他運用這些技法並不是想將主導語詞使用的規則系統化，而是要喚起那些表徵著我們對規則使用的獨特用法形式；正是通過意識到這些個別的用法形式，我們才得以澄清概念的語法。

維根斯坦喚起我們使用不同語言表達方式的實踐細節，有雙重目的。一方面，他要讓我們意識到，我們關於某個概念如何起作用的哲學反思觀念，和這個概念實際發揮功用的方式之間的衝突；另一方面，他是想讓我們去注意到，表徵著我們語言的不同區域的那些用法形式之間的深層差別，維根斯坦稱後一類用法差別爲「語法差別」；他的語法研究方法的核心，就是讓我們意識到這些差別。他談及我們需要「把握一種關於我們語詞的用法的清晰觀點」時，既想到了我們需要揭露我們的哲學觀念與我們的概念實際發揮功用的方式之間的衝突，也想到了我們需要意識到，在我們語言的不同區域的概念被使用的方式上，所體現出的語法差別。不過，儘管他相信，只有通過達到這種關於表達式用法的清晰性，才能診斷並克服哲學問題，同時他也認識到，難以讓我們心甘情願地將注意力從理論建構轉向描述我們使用語言的日常實踐細節。我們應有的理智習慣，妨礙著我們去做他所倡導的那些詳細的語法研究，因爲我們就是看不出，描述我們語言的語詞如何被使用能有什麼意義：

> 我們完全沒有準備好，去承擔描述「思考」一詞的用法這項任務。（我們又為什麼要

做這種準備呢？這樣的描述能有什麼用呢？

（《字條集》§111）

我們不能憑空猜測一個詞如何發揮功用。我們必須看它的用法，並從中學到點什麼。但困難在於，如何將擋道的偏見移開。這可不是什麼愚蠢的偏見。

（《哲學研究》§340）

維根斯坦還意識到，他如此攻擊哲學理論建構，並堅持讓我們只注重描述如何使用語言，將會導致不滿與失意：

我們的研究既然只是摧毀每一種有趣的東西，亦即所有那些偉大而重要的東西，那麼它的價值又從何而來呢？（彷彿大廈都已傾倒，只留下碎石亂瓦。）

（《哲學研究》§118）

所謂「我們必須廢棄一切解釋，而只以描述取而代之」（《哲學研究》§109），或者「哲學讓一切如其所是」（《哲學研究》§124），似乎是將一種完全沒有根據的理智壓抑、強加給了我們。我們肯定會覺得，這種壓抑是不讓人滿意的、毫無價值的，起碼一開始會有這種印象。我們確切地感到語言和心靈狀態是迫切要求解釋的現象，例如，語言表象世界的能力在於什麼，我們對語言的理解在於什麼；思考是什麼，一種意向或一種感覺是什麼；凡此種種總得有個解釋吧。試著去闡明這些現象，去說它們在於什麼，或者去提出某種關於它們的解釋，怎麼可能就是錯誤的，或不適當的呢？

這便是我們不情願進入並理解維根斯坦要我們從事的那種研究的根由之所在；我們碰到了其思考風格中與我們「格格不入」的那個關節點。因爲我們就是弄不明白，這樣一些似乎完全沒有例外的問題──「什麼是意義？」、「什麼是思想？」、「理解在於什麼？」──怎麼可能不用一種解釋或闡明這些現象的理論加以回答呢？我們覺得，只有憑藉供我們以關於這些現象的某種解釋的闡明，才能滿足我們欲更清晰地理解它們的強烈願望。說無法給出、不該給出這樣的闡明，或者說哲學的任務不是提供闡明，依我們看來就等於是說，這些現象無從解釋，它們是自成一體的，甚至是神祕莫測的，而這聽起來眞是荒唐至極！我想用一個特定的名稱來標示這樣一種態度，它促使我們敵視維根斯坦要我們關注於描述使用中的語言的想法。這樣做會是有益的，因爲它對於維根斯坦後期哲學的深層辯證法至爲重要。我將其稱之爲「講理論的態度」。當維根斯坦說「我們感到必須看透現象」（《哲學研究》§90）時，他要表徵的就是這種態度。看到這種態度的價值，及維根斯坦由何反對它，對於理解維根斯坦後期哲學是關鍵性的。

拒斥哲學理論

維根斯坦本人，顯然將這種和我們關於科學的方法及目標的觀念相關聯的講理論的態度視作爲這樣一種主要的障礙：當我們問諸如「什麼是意義？」、「什麼是思想？」、「我們對我們語言的理解在於什麼？」之類的問題時，它會妨礙我們獲得所尋求的那種理解。他寫道：

哲學家們總是覺得科學的方法就在眼前，禁不住要以科學的方式提出問題，回答問題。這種傾向實際成了形而上學的根源，並引領哲學家們進入完全的黑暗。

（《棕皮書》，第一八頁）

（心理學中的）實驗方法的存在，促使我們認為，我們擁有解決困擾著我們的問題的手段，儘管問題和方法互不搭界。

（《哲學研究》，第二三〇頁）

（哲學的最大障礙之一，就是對新的、深刻的、聞所未聞的、闡明的期望。）

（〈哲學〉，載於《哲學大事記：一九一二至一九五一年》，第一七九頁）

維根斯坦在這裡，並不是想表達對科學的任何總體上的反對。他想說的無疑是科學的方法，或者更具體些講，科學中的提問和回答方式，要是被運用到諸如「什麼是意義？」、「什麼是思想？」之類的問題上，就是引人誤解的、不合適的。他這樣提醒我們：當我們把這些問題闡釋爲對解釋的要求，或者闡釋爲需要像回答「黃金的比重是多少？」這類問題那樣，去發現某種東西時，我們就走上了一條不是通向對這些現象的理解，而是通向「完全的黑暗」的道路。

在《哲學研究》§89中，維根斯坦區辨出了一旦被視爲對解釋的要求便會引起誤解的那些問題：

奧古斯丁在《懺悔錄》中說：「那麼，什麼是時間呢？如果沒有誰問我，我倒還知道它是什麼；可是，當我被問及它是什麼，並試著解釋時，我卻糊塗了。」——對自然科學問題可不能這麼說（比如：「氫的比重是多少？」）。沒有誰問我們時我們還知道、可是要給它們一個解釋時又不知道的東西，正是我們需要提醒自己注意的東西。（而這顯然是我們由於某種原因難以提醒自己注意的某種東西。）

我們若以講理論的態度去對待就會誤解的東西，也正是「沒有誰問我們時我們還知道、可是要給它們一個解釋時又不知道」的那些東西時，維根斯坦對這些典型的哲學問題做出了如下的解釋：

（我們會面對各種各樣的問題，例如，「這一物體的比重是多少？」「今天的天氣會一直好下去嗎？」「下一個穿過這道門的會是誰？」如此等等。可是，我們的問題中，有一類顯得很特別。面對它們時，我們會有一種不同的體驗。這些問題似乎是根本性的。而我要說：假如我們真有這種體驗的話，我們便抵達了語言的界限。）（〈哲學〉，載於《哲學大事記：一九一二至一九五一年》，第一六七頁）

我們在問「什麼是時間？」、「什麼是意義？」、「什麼是思想？」這種形式的問題時，所關注的是構成我們的世界的現象的本質。這些現象構成我們處身其中的世界的形式，而我們在問這些問題時所表達出的，是一種更清晰地理解它們的願望。然而，就在我們擬出這些問題時，我們會被引誘去對這些現象採取一種態度，而維根斯坦認爲，正是這種態度，讓我們以一種錯誤的方式處理它們，這種方式假定我們必須揭示或解釋某種東西。當我們問自己這些問題時，我們會對這些現象採取一種姿態，在這種姿態中，它們會突然變得神祕莫測，因爲一旦我們以我們的問題似乎要求採取的方式去試圖抓住它們時，我們就會發現無法做到；我們發現我們「不再知道了」。這就將我們愈來愈深地引向一種讓人失望的哲學混亂狀態。我們覺得，錯誤出在我們的解釋上，我們需要不斷構建更微妙、更讓人稱奇的解釋。這樣，我們便「走入歧途並想著一定得探出個究竟，可是，以現有的手段卻又完全不可能描述出至精至微的東西。我們感到彷彿不得不用手指去修復一張殘破的蜘蛛網」（《哲學研究》§106）。維根斯坦相信，眞正的錯誤不在於我們的解釋，而恰在於這樣的想法：我們感到的困惑，可通過做出一個發現來消除。我們眞正需要的，是扭轉我們的整個探討，不去關注解釋或理論建構，而只關注描述。構成我們世界的那些現象的本質，並不是我們通過「挖掘」發現到的東西，而是在「我們就現象做出的那類陳述」中展現出來的東西，這種展現，靠的是表徵著我們語言的不同區域的那些個別的語言用法形式。我們眞正需要的是這樣的方法：「只把每一樣東西擺在我們眼前，既不解釋也不演繹任何東西——由於每一樣東西都明擺在眼前，所以沒什麼要解釋的。」（《哲學研究》§126）正是通過注意到明擺在我們語言用法中的東西的那些獨特結構，我們才得以克服哲學困惑感，並達到我們所尋求的理解；困難只在於，我們沒有做好準備，也極不情願承擔這種描述的任務：「事物最爲我們看重的模樣（aspects），由於既簡單又熟悉，而被隱匿起來。（我們無法注意到某種東西——因爲它總在我們眼前。）」（《哲學研究》§129）

理解《哲學研究》的困難之一是，由期待一個模型或一種理論的構建，轉回到關注我們日常語言實踐的特殊情形的細節，這太難以做到了。語法研究所包藏的思想風格，似乎走在完全錯誤的方向上，因爲，這一方向與講理論的態度要我們所取的方向截然相反。我們覺得，我們的問題只能通過構建一種說明某一給定現象在於什麼的解釋才能回答，而維根斯坦卻要求我們去看我們語言實踐的具體實例的複雜細節。維根斯坦表示，他的方法試圖將我們擰向一個方向，而我們在很多關節點上，都不願順從這個方向：

就像這麼一個人，他在一個房間裡面對一面牆站著，牆上畫著一扇扇假門。他想出去，笨手笨腳地想打開這些門，一個一個地試，一遍又一遍地在那裡瞎忙。這自然都是白費力氣。他沒有意識到。在他背後的那面牆上，就有一扇真正的門。他需要做的，只是轉過身來打開它。要幫助他走出這個房間，我們只需讓他朝著另一個方向看，但這樣做很難，因為他既然想走出去，就聽不進我們的勸告，不會把頭從他認定出口所在的地方轉開。

（〈作為教師的維根斯坦〉，Gasking and Jackson，第五二頁）

一個人會被困在一個有門、沒上鎖、向內開的房間中；只要他沒有想到去拉門，而只是一個勁地推它。

（《文化和價值》，第四二頁）

我們說，維根斯坦反對整個這樣一種思考風格，這種思考在處理理解語言如何發揮功用這一問題時，會試圖構建一種闡明表達式的意義在於什麼的理論，完全不等於是說，他一心只想反對關於意義的某種特定的解釋。同樣，這也絕不是說，維根斯坦是要以他本人的新理論，取代某種被拒斥的意義理論。《哲學研究》這本書還要激進得多，它不止是攻擊某些特定的關於意義的學說，例如，由前期維根斯坦、羅素或弗雷格所持有的。維根斯坦所考察的那些關於語言如何運作的哲學學說和圖象（其中有些可視作某些哲學家的觀點）眞正引起他的興趣的地方在於，它們代表著一種思想風格，而這種風格，在他看來，使誤解和混亂在所難免。此外，他所感興趣的，是這種思想風格施行之初便導致的那些哲學混亂，也就是一開始的那些錯誤步驟，這些步驟把我們引向歧途，離眞正的理解漸行漸遠。通過仔細考察我們的語言研究進路的根源，以及由之而生的關於語言和理解的圖象，維根斯坦希望逐步揭示出由「看透現象」的要求將我們引入的那種黑暗。他用於反對他所考察的那些誤解和錯誤圖象的，並不是一種關於語言如何發揮功用的替代解釋或理論，而是一種不同的思想風格，這種思想風格通過關注我們使用語言的具體實踐的獨特結構，得以逐步揭示出：「這裡不涉及任何超乎尋常的東西」（《哲學研究》§94）、「每一樣東西都明擺在眼前，沒什麼要解釋的」（《哲學研究》§126）。

於是我們看到，維根斯坦的批判性評論著力考察的那些特別的學說和圖象中，包括一些幻想、神話、迷信和神怪故事，而在他看來，這些玩意會滋生出來，全怪我們在回應「什麼是意義？」「理解在於什麼？」之類的問題時，採取的是一種講理論的態度。他並不認爲，以我們所採取的方式問這些問題的那種誘惑，或者接受特定的錯誤圖象的那種誘惑，反映出了理智上的缺陷。相反，他認爲這種誘惑源自我們語言的形式，是語言本身促使我們從不自覺地使用它，轉向對它持一種反思的態度，而一旦我們採取了這種反思的態度，語言便爲理解設置了一系列陷阱：

> 對每一個人而言，語言都包含著同樣一些陷阱，亦即由保持完好的、可通行的歧路構成的巨大網絡。於是我們看到，一個又一個人行走在同樣的道路上，我們早已知道，他會在哪裡轉彎，又會在哪裡一直往前走，不理會那個彎……等等。
>
> （〈哲學〉，載於《哲學大事記：一九一二至一九五一年》，第一八三頁）

因此，講理論的態度而產生的那些混亂，不只是錯誤，它們是誤解，我們一經反思語言，語言自身就有能力將我們拖入這些誤解中。維根斯坦有時暗示，語言既是導致哲學混亂的根源，也是導致人類的各種心理失調和各種原始思想風格的根源。由語言引起的問題是深層的問題，它們產生於去反思或欲退出人類生活實踐的情境，「當語言像一臺發動機在空轉，而不是正常工作時」（《哲學研究》§132）：

> 由於錯誤闡釋我們語言的形式而產生的問題，具有某種深度。它們是深層次的焦慮；它們的根源就像我們語言的形式一樣，深植於我們之中，而其意義就像我們語言的意義一樣重大。
>
> （《哲學研究》§111）

維根斯坦挑戰我們在反思語言如何發揮功用時所建構的圖象，並非一心想駁斥具體的學說，而是想把我們從某種特定的思想風格中解救出來，使我們得以擺脫一度控制著我們的哲學想像的那些理智的妖魔。爲實現這一目標，維根斯坦並不是徑自挑戰我們走某條路或採納某幅圖象的欲望，而是還給我們一片自由的天地。他鼓勵我們去探究或運用那些強烈吸引我們的解釋和圖象，以使自己發現，它們代表的不過是「假門」，它們無力解決我們面對的理解問題。維根斯坦在那些試圖引導我們發現我們構建的那些圖象之空洞不實的評論中，穿插了一些提醒我們注意具體語言實踐被忽略的細節的評論。正是通過將這些細節以正確的方式放歸一處，或者通過使用一種新的類比或對照以使我們重新看待我們的語言實踐，我們才得以發現，我們獲得了原以爲只能通過理論構建才能獲得的那種理解：

> 我認為，尋求解釋的企圖之所以錯了，原因之一是，我們只需要以正確的方式將我們知道的東西放歸一處，毋需添加任何東西，而我們試圖於解釋中獲取的那種滿足會自行到來。
>
> （〈關於佛雷澤《金枝》的評論〉，載於《哲學大事記：一九一二至一九五一年》，第三〇頁）

作為療法的哲學

維根斯坦喜歡把上述過程描述爲「療法」（《哲學研究》§133）或者「對一種病症的治療」（《哲學研究》§254）。這種描述從以下幾方面來看都是貼切的。首先，它傳達了這樣的觀念，我們對構建闡明或模型的關注，其本身就成了我們前進的障礙，成了束縛我們手腳的東西。其次，它抓住了這一事實：維根斯坦的方法並不是想提出新的、可陳述出的結論，而是想促使我們改變整個的思想風格或處理問題的方式。療法這個概念強調的是，維根斯坦的哲學方法，旨在促使讀者參與到說服自已的主動過程中；它還突出了這樣的事實，讀者對維根斯坦關於哲學錯誤的診斷的認可，乃是他的方法所不可或缺的一部分，因爲「我們要讓另一個人相信自已犯了一個錯誤，只有在他本人承認確實感覺到了這個錯誤的情況下，才能做得到」（〈哲學〉，載於《哲學大事記：一九一二至一九五一年》，第一六五頁）。讀者要想從維根斯坦視作哲學混亂之根源的那種思想風格和那些錯誤圖象中解放出來，他首先就得承認，維根斯坦找出了「他的思想的來源」（〈哲學〉，載於《哲學大事記：一九一二至一九五一年》，第一六五頁）。最後，療法這個概念表明，這一過程本該是漫長的。治療本質上是一個緩慢的過程，病人一點點地形成對困擾他的問題的性質之一種新的理解，這種理解讓他得以認識到，他一直在以錯誤的方式尋求滿足，從而令他平靜下來。維根斯坦援用了一個對話者的聲音，這讓他得以將這種治療過程，不是表現爲治療者和病人之間的一系列交流，而是表現爲一種內心對話的形式。在這種對話中，維根斯坦既表達出我們的語言帶給我們的那些導向誤解的誘惑，又奮力抵制這些誤解。於是，對話者的聲音（這種聲音，要不在以「我們想說……」、「我們會說……」開頭的評論中，間接地引入；要不就用雙引號直接引入）表達出我們進行解釋的願望，並落入我們語言的陷阱，而治療的聲音則通過考察具體事例來反對這些傾向，這種考察乃是獲取新的看事物方式的一種手段。

如果前面說的沒錯，我們就不應當在維根斯坦的文本中找尋「論點—反駁—反論點」這樣一種慣用的論證結構（例如，我們不應當去找尋維根斯坦正反對的某種關於語言如何進行表象的精確理論，去找尋他的反駁意見，或者去找尋他關於語言如何發揮功用的替代理論）。我們應去辨別出一種完全不同的韻律來。假定我們至少在一開始受制於那種講理論的態度，那麼我們對於諸如「什麼是意義？」、「什麼是思想？」之類問題的第一反應就會是，企圖就意義、思想等，實際在於什麼，做出一個模型或解釋。正如前文指出的，維根斯坦興趣的焦點，在於我們回應這些問題時最先做出的那些動作，我們接下去的探討要取的形式此時已固定下來，隨之而來的一系列錯誤也就在所難免了。他要揭示出我們的錯誤哲學導向的起始點，從這裡入手，可以更清晰地看出和診斷這些錯誤導向的根源。他相信，我們用做哲學解釋之基礎的許多觀念，早已在我們的日常言談中作爲隱喻或圖象出現了。例如，我們很自然地便擁有如下這些觀念：自然語言可與一套複雜的規則系統相比照；意義可描繪爲以詞代物；疼痛是內在的，而疼痛行爲是外在的。然而，當我們專注於構建一種關於意義或感覺的解釋時，我們卻試圖賦予這些觀念以一種字面意義（literalness）和解釋力，而在日常生活中，我們從未想過賦予它們以這種東西；我們試圖把實際不過是一種看事物方式的東西——一個「比較的對象」（《哲學研究》§131）——轉化爲關於這些現象之本質的一種理論解釋；我們的比較對象變成了「實在必須與之符合的先入爲主的觀念」（《哲學研究》§131），即便我們根本無法直接看出實在如何與之相符合。正如我前面指出的，維根斯坦以兩種不同的方式回應了我們的這種感覺，這些圖象不知怎地就把某一現象的本質給我們揭示出來了。

他採取的第一種回應方式是：試圖憑藉一系列獨特的技法，讓我們清楚地看到，我們意欲提供的那些解釋以及我們所構建的那些圖象和模型，全都空洞無物。我們認爲自己是在提出關於某一給定現象在於什麼的清晰的解釋模型，這些模型滿足了我們欲行理解的渴望。然而，當我們按維根斯坦的要求更仔細地考察這些模型，或者將它們同我們使用語言的實踐中實際發生的情形聯繫起來時，我們便發現，它們全都化爲泡影了。我們看到，這些原本似乎如此一目了然、如此富含解釋力的圖象和模型，實際上和它們所要闡明的現象毫無關聯。於是，我們便看到，我們使用語言的實際實踐中根本沒有任何東西，可用我們操縱著一個規則系統這樣的一種意象加以解釋；說一個詞的意義在於它代表一個對象，是過於簡單化了，什麼也解釋不了；將疼痛呈現爲內在、疼痛行爲呈現爲外在的，這根本無法解釋我們想在疼痛和疼痛行爲之間做出的區分……等等。

維根斯坦做出的第二種回應，旨在喚起我們對「時空中的語言現象」的具體事例中被忽略的細節的正確評估。他又是憑藉一系列技法，使我們看清概念在特殊情形下實際起作用的方式，進而促使我們理解那些既導致了我們的哲學困惑，又提供了擺脫之手段的概念差別。他認爲，正是透過按照我們語言的不同區域而起作用的方式來正確評估這些差別，我們才得以擺脫哲學混亂，並發現「我們試圖從解釋中獲取的那種滿足會自行到來」（〈關於弗雷澤《金枝》的評論〉，載於《哲學大事記：一九一二至一九五一年》，第三〇頁）。因爲，我們的困惑涉及特定現象——意義、思想、感覺——的本性或本質，而這種困惑的解除，「不是通過提供新的信息，而是通過編排我們已知的東西」（《哲學研究》§109）。我們所發現的是，要理解語言如何發揮功用，理解的本質是什麼，感覺是什麼，我們勿需遠求，一切都在使用中的語言的具體現象的個別結構中，呈現於我們眼前了。維根斯坦有時用表層比喻，來表明現象的本質就在眼前：要解除我們在反思那些「沒有誰問我們時我們還知道、可是要給它們一個解釋時又不知道的」東西時感到的困惑，我們勿需做出一個發現，而只需去注意，存留在我們特有的語言實踐形式表面的東西。因此：

哲學問題帶著這樣的形式：「我不知道如何是好。」

（《哲學研究》§123）

我在向學生們描述一處極妙的風景，他們卻總在雲裡霧裡。

（《文化和價值》，第五六頁）

上帝恩准哲學家，去洞悉明擺在眼前的東西。

（《文化和價值》，第六三頁）

上述兩種回應均可稱之爲「語法研究」。與第一種回應相關的那種語法研究，其目的純粹是消極的。它揭示出，哲學家用於闡明現象的那些詞句和圖象空洞無物。與第二種回應相關的那種語法研究則有更爲積極的目標：它對特定的具體情形做語法研究，以便揭示出，我們理解語言以何種方式起作用、理解或感覺是什麼之類問題所需的一切，均已在我們語言實踐的具體細節中明擺在我們眼前了。在《哲學研究》§112中，維根斯坦除了擺明這種獲取關於我們語言實踐的「一種清晰觀點」的任務之外，還連帶引入了關於一種「清楚明白的表象」的觀念。這並不表示，關於語詞用法的清晰觀點，乃是某種維根斯坦想藉以抑制哲學家濫用語言的東西。無寧說，維根斯坦的研究所欲獲致的這種關於語詞用法的清晰觀點，是和「表現爲『看出關聯』的那種理解」聯繫在一起的。維根斯坦的語法探究，旨在產生一種理解，這種理解就在於，於明擺在眼前的東西中看出一種先前被我們忽略的型式或形式。正是透過慢慢意識到這種形式，我們才得以逐步揭示並理解語言、意義、理解等的本質。我們漸漸看出，「這裡不涉及任何不同於尋常的東西」（《哲學研究》§94），勿需更進一步的（更深刻的）解釋，本質「就在眼前」（《哲學研究》§126）。維根斯坦所考察的那些特殊事例，並未被當作闡述一般主張或理論的基礎，而是被派上了如下兩種用場：一是揭露哲學家所提供解釋的空洞性；二是表明我們欲行理解所需的所有東西，都已在那裡了，只需正確地加以編排便是。恰恰就是通過考察特殊事例本身，而不是通過構建基於它們的一般理論，我們才得以既克服了欲行理解的衝動，又漸漸獲取了我們所尋求的那種理解。

「……哲學問題應當完全消失」

維根斯坦顯然並不認爲，爲使用中的語言提供清楚明白的表象任務可以系統地進行，成爲一種自在的理智目標。顯然他也並不認爲，這樣一種清楚明白的表象，乃是某種可用系統描述的形式所表達出的東西。不過，令人疑惑的是，維根斯坦爲什麼要如此反對這種關於系統描述我們語言的語法的觀念。假如語法研究是沿著同理論構建相反的方向進行的，它爲何不應該系統地將我們引入那個方向呢？這一問題的答案，至少部分地存在於哲學方法的本質應答性中。從而，哲學的反系統本性是與下述觀念相關聯的：一種語法研究是這樣，它「從哲學問題中獲得啓悟，也即是從中獲得它的目的」（《哲學研究》§109）。一種語法研究所引致的對我們人類語言實踐的自我意識，並不代表科學意義上的那類知識的某種增長；它只是「提醒我們」，去注意我們作爲語言實踐的駕馭者業已知道的東西。意識到這種知識，並不能增進我們對這一實踐的把握，不過，它卻能爲我們提供一種「表現爲『看出關聯』」的理解。這種理解，一方面使我們擺脫了錯誤圖象的控制，另一方面也讓我們不再盲目渴求理解困擾著我們的現象。

在《哲學研究》§132中，維根斯坦這樣評論道：「我們想要在我們關於語言用法的知識中，確立一種秩序」，但他明確指出，這種秩序只是「爲著特定的目的而確立的，只是衆多可能的秩序之一，而非那個秩序本身」。維根斯坦通過仔細描述特殊的具體情形，促使我們注意我們的語言實踐被忽略的方面，他這樣做的初衷，並不是要建立對這一實踐的一般或系統性的描述，寧可說，維根斯坦是爲了回應特定的錯誤圖象或欲行理解的衝動，才去再現某種或某一系列特殊的具體情形的。在這樣的情形中，我們看出我們的概念如何發揮作用。我們不僅逐步認識到，我們的哲學圖象與它們所要理解的現象毫無關聯，而且也認識到，正是我們的各種概念起作用的那些個別的方式，向我們表明了這些概念所描述的現象的本性，亦即，向我們表明了諸如意義、理解、感覺等究竟爲何物。維根斯坦不斷重複著這一治療過程，爲的是逐步實現我們思想風格的轉變。這樣積少成多，我們便會改變看事物的方式。先前貌似一種理解的東西，現已被視作空洞的構造；先前要求闡明的東西，現已被如其所是地接受下來，我們不再感到有什麼必要去賦予它以進一步的基礎或支撐。

因此，如果想從維根斯坦的評論中提取出一系列關於意義、理解、感覺等的哲學主張，我們便會錯失其哲學方法的全部要點。不只是說，維根斯坦並不想著構建或闡發哲學理論，就連我們會從他的評論中提取出的無論什麼主張，也不能被理解成其工作的要點。他本人也明確警告說，任何想要提取「論點」的企圖，都只能產生毫無價值的陳腔濫調，「如果有人想在哲學中提出論點，那就絕不可能就它們展開爭論，因爲每個人都會同意它們。」（《哲學研究》§128）因此，要充分闡釋《哲學研究》，就得努力表明，維根斯坦喚起我們語言實踐的具體事例，不是要提供概括的來源，而是要提供一種手段，藉以克服由理解的衝動所強加的誤解和錯誤圖象，進而使人認識到，根本不存在需加以理解的東西。維根斯坦的哲學目標，並不是得出結論，而是促使我們逐步接受這樣的事實：我們進行理解的企圖是空洞的，而且「由於每樣東西都明擺在眼前了，所以沒有什麼需要解釋的」（《哲學研究》§126）。維根斯坦據以讓我們接受這一事實的，就是這種辯證過程的具體運作程序，而他關於哲學方法的構想就展現於其中。所以，我們必須忍住不去概括、不去陳述令人興奮的哲學結論，並轉而容許通行一系列澄清活動，在這些活動中，「哲學問題……完全消失了」（《哲學研究》§133）。這樣，我們便永遠不會忽略這樣的事實：「哲學家的工作就是爲某一特定目的蒐集提示物」（《哲學研究》§127，著重號爲引用者所加）；這項工作的辯證結構——在維根斯坦本人的不同聲音的互動中表現出來——因此被認作他的方法中一個必不可少的構成部分，而不只是被視作一種行文手法，這種手法隱沒了祕而不宣的一般觀點，而我們的闡釋必須在某種程度上將這些觀點引出來。

因此，對於了解我們思想風格上的根本變革至爲關鍵的一點就是：這種辯證過程是要促使我們不去企圖以正面學說的形式表達其結果。不只是說，維根斯坦提出了一種與我們想要的完全相反的思想風格，更重要的是，這種新的思想風格避免了抽象的理論化活動，而在他看來，正是這種活動成了哲學混亂的根源。他的目標是要達到一種理解，這種理解來自正確地看待特殊的具體事例。這樣一種探究，並不會導致任何可正當地稱作一種理論的東西，甚至不會導致任何可用一系列正面主張充分闡述的東西。不只是說，對特殊的具體事例的考察「從哲學問題中得到啓悟，亦即得到其目的」，而且是說，「表現爲『看出關聯』的理解」，從根本上說是和一般哲學學說的表達完全相反的。反過來說，又有助於彰顯維根斯坦的評論意欲作用於讀者個人的方式，並有助於理解文本所特有的難解性。要理解《哲學研究》，我們就得接受如下事實：該書意在引起我們理解上的一種轉變，而這種轉變無法以「結果」或「結論」的形式，傳達給被動的受衆。這倒不是說，《哲學研究》有什麼神祕之處；例如，這並不暗示說，維根斯坦提供給讀者個人的那種理解，無法交流或共享。只是說，它不能以關於系統學說或理論的陳述的形式加以交流。這種理解傳達給其他任何人，都像傳達給某位讀者個人一樣，所藉助的是一個引導和勸說的過程。這一過程對那些難以避免的誤解誘惑做出回應，並通過考察特殊的事例，讓當事人改變看事物的方式。這並不是說，此人必須去揣度重要的事情，而是說，正是通過以新的方式看待特殊的事例，我們才實現了眼光的改變，而這也就構成了理解的轉變。這種理解不體現爲理論學說，而體現爲一種態度的轉變，隨之而來的，便是關注明擺在我們實踐的具體細節中的東西，關注如何不去構建闡明或思辨解釋。

　　按這種解釋，《哲學研究》並非這樣一部作品，它涉及大量分散的論題——名稱、實指定義、意義，規則、理解、感覺等等——並爲我們關於其中每一論題的思考，提供一種矯正方法。寧可說，該作品企圖從總體上扭轉我們處理哲學問題以及由這些問題體現出的理解願望的方式。這意味著，一方面這項工作具有深層的統一性；另一方面，只有將該書作爲整體來閱讀，方可逐步達到強有力的效果。維根斯坦提供給我們的那種理解，既不在於揭穿特定的錯誤圖象，也不在於描述一兩個表明我們的語言片段如何起作用的具體事例。無寧是說，維根斯坦是想以如下方式來影響我們（更準確地說，他是想讓我們自己來影響自己）：逐步廢棄我們視爲當然的那一套思想風格，即講理論的態度，而以這樣一種認識取而代之：正是通過「對我們業已知道的東西加以編排」（《哲學研究》§109），我們才既克服了哲學幻相，又達到了所尋求的理解。其目的在於，引起我們態度的改變，或者我們看事物方式的改變，而這種改變是違背我們的自然傾向的，要交流或分享它，就必須像維根斯坦那樣付出艱辛的勞動，務求影響個人的思想風格。這就造成如此的局面：要理解《哲學研究》難，而要評論它，則尤其難。

第二章　維根斯坦對奧古斯丁的批判：《哲學研究》§1—38

導言

在《哲學研究》序言中，維根斯坦說，他覺得把他的《邏輯哲學論》和《哲學研究》一起出版是有益的，依據是：「只有參照的舊有思想方式的背景，才能正確理解後者。」他這裡所指的「舊有思想方式」，可視作上一章所描述的那種講理論的態度，這種態度清楚地體現在他早期採納的探究語言的方式中。《邏輯哲學論》的主要計畫之一便是，構建起一種說明語言表象世界之能力的理論。這種理論的中心主張是：命題是一種圖象形式。命題由要素（名稱）構成，它們彼此處在某種確定的關係中。命題表達一個可能的事態，其前提是，命題的要素（名稱）代表對象，而命題中的名稱之間的關係，表達名稱所代表對象之間某種可能的配置。所以，語言的基本標示單元是名稱。每一名稱代表一個對象。將名稱連結起來構成命題，我們便構建起了關於可能事態的圖象或模型，這裡的可能事態，被視作基於名稱所代表對象而作的構造。

弗雷格和羅素在從事數理邏輯研究的過程中，發展出了一套技術，用於構建符合邏輯的精確語言，這一構建過程受嚴格的語句形成規則的主導。這些顯著的進展，已部分地提出了這樣的構想：語言作爲一個命題系統，其中每一命題均爲一可能事態之圖象。不過，維根斯坦並不把語言與精確演算、命題與圖象之間的類比當作「是其所是的東西，當作……一個比較的對象」，可用於澄清我們語言起作用的方式，而是將它看作對語言之本質的一種闡明：「看作實在必須與之符合的先入之見」（《哲學研究》§131）。維根斯坦在《邏輯哲學論》中，以這些類比爲基礎，去理解何爲語言的表象能力。這種理論的魅力不僅在於，它彷彿可以解釋語言的表象能力，而且在於它對由羅素和弗雷格的工作所突顯出的那一系列關於命題之性質的哲學問題提出了一種解釋。這種理論並非基於對我們日常語言實際起作用的方式的觀察，而源自維根斯坦欲行解釋的雄心，以及他對語言與演算、命題與圖象之類比的實際應用。維根斯坦一方面迫切感到有必要去解決一系列特定的困惑，另一方面又實際使用了上述的類比，這才決定了他的思想路線，才讓他無視他的表象理論，促使他主張的東西與我們日常語言運作過程之間的懸殊差別。

維根斯坦前後期處理有關語言功用的哲學問題的方式之間的差異，清楚地反映在這兩本書的風格上。《邏輯哲學論》的行文方式，迥然不同於《哲學研究》，既簡潔又抽象。整部著作，幾乎完全沒有日常語言用法的實例，也沒有關於日常生括世界的表象。由於維根斯坦堅持認爲，語言是由圖示可能事態的命題組成的系統，所以他才只關注我們語言的一個狹窄的方面，忽略掉我們對語言的所有非—事實—陳述用法。正因爲需要徹底貫徹命題與圖象間的類比，他才主張：世界是由排列成事實的簡單對象構成的，命題是由這些簡單對象的名稱構成的，這些名稱以一定的方式排列起來，以表達由名稱代表的簡單對象之間的可能排列。維根斯坦相信，語言要表象世界，必賴乎名稱與簡單對象之間的這種配對關係，不過，這種關係在日常語言的句子中並不明顯，須經分析方可揭示出來。於是，他不得不設定一個理想化的命題系統。這一系統通過連綴簡單對象的邏輯專名構建而成，隱藏在日常語言中爲人熟知的語句背後。同樣，他也假定了簡單對象的存在，這些對象構成邏輯專名的意義，並作爲由完全分析的命題所模擬事實的、不可摧毀的基本構成部分。正是這兩個理想化的系統——由基本命題構成的系統及由可能的原子事實構成的系統——之間的這層關係，被當成了語言表象世界之能力的堅固基礎。這麼一來，維根斯坦便在欲行解釋語言之表象能力的衝動支配之下，設定了一個由完全分析的基本命題構成的理想化的系統，這一系統隱藏在我們日常語言表層的背後，即使未被感知到，卻必定存在於那裡。

維根斯坦在《邏輯哲學論》中處理如何理解語言之功用問題的方式，不僅例示了《哲學研究》所反對的那種思想風格，而且也促使他採納了許多有關語言的神話和誤解。他後來認爲，這些神話和誤解均與欲行解釋的衝動有關。本章開頭引用的那段寫在《哲學研究》序言中的評論，道出了他後期哲學方法對於這種思想風格及由之而生的錯誤圖象的必要應答性。不過，就這種思想風格是我們一開始反思語言之功用，便自然會採納而言，就這些誤解的誘惑乃是根植於語言自身形式中而言，便不能將維根斯坦寫在序言中的那段評論當成是在暗示。《哲學研究》在某種程度上，純粹是針對《邏輯哲學論》中所持觀點而作的，準確地說，我們在他於《邏輯哲學論》中提出的命題圖象論中看到的，只是這種思想風格及與之相關的那些誘惑的一個實例，而他評論的眞正目標，則是這種風格及這些誘惑本身。

「五個紅蘋果」

維根斯坦引用奧古斯丁《懺悔錄》中的一段話作爲全書的開篇之言，這一選擇既表現了

《哲學研究》的應答性又表現了其目標的普遍性：

> 當他們（我的長輩們）說出某種對象的名稱，並相應地走近某物時，我把這些看在眼裡，並尋思這樣東西就是他們想要指明它時所發出的聲音所稱謂的。他們的意向由他們的身體移動表現出來，所有人的自然語言彷彿都是如此：面部表情、眼睛的眨動，表達我們在尋找、擁有、拒絕或避開某物時的心境的聲調。於是，在我聽到詞語在不同句子中被反覆用在適當的地方時，我漸漸弄懂他們指代什麼對象；而在我的口齒練得足以發出這些記號之後，我便用它們來表達我自己的願望。
>
> （《哲學研究》§1）

維根斯坦沒有從羅素、弗雷格或他本人前期的著作中，摘錄一段話作爲開場白，卻選擇了這樣一段引語，這看起來似乎令人困惑。不過，維根斯坦之所以選擇奧古斯丁的這段話，實際是想突顯他的哲學路向的某些重要方面。首先，通過援引寫於西元四世紀的《懺悔錄》中的一段話，維根斯坦突顯出了他所關注的那些誘惑的普遍性。毫無疑問地，這些誘惑在他本人的早期工作，及弗雷格和羅素的理論中均有表現，或者說，它們仍繼續對現代語言哲學施加著重要的影響，但是，維根斯坦並不想把這些誘惑過分緊密地同任何一位哲學家聯繫在一起。這些誘惑根植於我們語言的形式中，而維根斯坦是要在其根源處研究它們。它們源於此，並成爲後續哲學探討的基礎。奧古斯丁這段話的妙處在於，它呈現給我們的，乃是就語言構造理論、欲解釋或模擬語言之功用的最初衝動。這便讓維根斯坦得以更明確地同時關注此二者：其一，這種衝動在我們語言形式中的根源；其二，邁向抽象與解釋的這一步和他本人試圖讓我們在語言於說話者的日常實踐生活起作用時，觀察它的做法之間的懸殊差別。

維根斯坦對奧古斯丁這段話的最初反應，是關注他在其中找到的一種關於語言之本質的觀點。在對這一觀點進行歸納時，維根斯坦所關注的是作爲一個記號系統的語言圖象，這一系統中的每一記號被關聯於它所代表的一個對象，整個系統也由此被賦予一種意義：

> 依我看，這些話為我們提供了一幅關於人類語言之本質的特殊圖象。這便是：語言中的單詞命名對象——句子是這些名稱的組合。——於這幅語言圖象中，我們找到了下述觀念的根源：每個詞都具有一個意義。意義是與這個詞關聯在一起的。它就是這個詞所代表的對象。
>
> （《哲學研究》§1）

不過，不能以爲在奧古斯丁關於語言的思想中，維根斯坦只是對這幅關於語言如何起作用的圖象感興趣，或只是對這幅圖象做出了回應。事實上，奧古斯丁思想中所包含的幾個更進一步的主題與維根斯坦所辨別出的那一主題漸漸地交織在了一起。

如果我們看一下《懺悔錄》中較前的另一段話，我們會更清楚地看出，奧古斯丁的思考作爲維根斯坦對之做出回應的主題的一個來源的重要性：

> 我一點點地開始意識到我的處境，並尋思著把我的願望讓他人知道，這些人或許可以滿足它們。但我卻做不到這一點，因為我的願望在我心內，他人卻在我身外，而他們又沒有什麼本領穿透我的心靈。於是我便揮動四肢，弄出聲音，指望以這些記號表明我的意思，儘管它們與我想用它們去模擬的東西相差甚遠。
>
> （《懺悔錄》，奧古斯丁，第二五頁）

就在維根斯坦所引用的那一段話之前。奧古斯丁再次描述了他由於無法表達自己的願望而感到的沮喪，他還暗示，他用盡心思才意識到他人是在用語詞命名對象，才弄明白每一個聲音所命名的對象。

從奧古斯丁的這些論述中，我們可以分辨出維根斯坦逐步論及的許多主要論題。比如，我們可以看出，奧古斯丁傾向於根據一種私人本質或心靈——其中有願望、思想、欲望等等——以及同外在世界的某種物理關聯來設想人類主體。這種私人本質被視作業已完全人性化的，卻又是缺乏交流能力的。其自身內部，已清晰地分出了尚無法表達出來的特定思想和願望，就如同物理世界被清楚地分割成了由語言中的名稱所輕易捕捉到的特殊對象一樣。語言的最初目的，就是去交流原被封鎖在私人領域內的思想和願望。正是私人本質，讓一個詞同作爲其意義的對象之間，建立起了本質性關聯，而理解則被視爲心靈在一個聲音和它所指代的對象之間確立了適當的聯繫。我們閱讀《哲學研究》前四十個段落時會發現，上述每一個觀念，均成了維根斯坦的語法探究所關注的對象，而其中的一些則是整部作品的中心話題。

維根斯坦是這樣開始評論那段《懺悔錄》中的話的。他指出，奧古斯丁沒有區分不同種類的詞，而是以某一類詞——「桌子」、「椅子」、「麵包」以及人名——爲模型，由此得出他關於語言功用的一般圖象。維根斯坦明確將這種先擷取一個核心事例然後由之得出一個一般模型的傾向，既視作講理論的態度的一個重要因素，又視作錯誤圖象的一個主要來源。我們一般會感到的那種「看穿現象」的要求，促使我們忽略人類語言活動的廣大範圍，將特定的語言要素和整個語言領域以及說話者對這一語言的實際使用剝開來予以關注。我們對這些特殊事例持這樣一種態度：仔細研究它們，以洞悉其本質（例如，命名的本質）。於是，這種以狹隘或簡單化的目光看待語言現象的傾向，便與將之理想化或神聖化的傾向融合在一起。後一種傾向，是與我們欲以一個清楚的模型理解其功用的願望相偕而生的。

爲反對這種傾向，維根斯坦要我們設想使用一種簡單語言的人們在日常生活中碰到的一個具體事例：

我們來設想如下這種使用語言的情況：我讓某人去買東西。我給他一張紙條，上面寫著「五個紅蘋果」。他拿著這張紙條找到店員，店員拉開一個標著「蘋果」的抽屜；他又在一張表格上查到「紅的」這個詞並找到與之相對的顏色樣本；然後他按基數序列——我假定他記得這些數——一直數到五，每數一個數，他就從抽屜裡拿出一個與樣本同色的蘋果。

（《哲學研究》§1）

儘管這個例子表現的是一種簡單語言，或者一種簡單的語言用法，但它並不包含我們在奧古斯丁那裡看到的那種過度簡單化。首先，這個例子雖說簡單，卻在一種重要的意義上是完整的：它表現的是這種簡單語言在其自然環境下實際起作用時的情況，而不是作為一個從其用法中抽離出來的詞句系統。其次，維根斯坦並不以這一特定的具體事例為基礎去得出任何關於語言之本質的主張，而只是以之為手段，促使我們注意到語言是自然深植於說話者的實際生活中的，同時也注意到為奧古斯丁所忽略的語言現象的豐富性和複雜性，這種豐富性和複雜性，只有在我們實際觀察語言起作用的情況時才顯現出現。

奧古斯丁將語言看作交流思想和願望的媒介，而這些東西首先是存在於我們內心的。維根斯坦舉出的這個例子中，顯然不涉及這樣的問題。我們看到語言作為一種工具，在特定的實踐活動——買東西——中起作用。此時，使用語言的目的不是想表達我們的心靈狀態，而是想在我們的對話者那裡引起某種類型的反應。我們這樣看語言的功用時，並不會想到去問「紅的」或「五」這樣的詞指代什麼對象。因為這裡所涉及的，顯然是店員如何運用這些詞進行操作、如何去行動，而不是這些詞如何與對象相關聯：

> 可是，「五」這個詞的意義是什麼呢？——這裡不涉及這個問題，只涉及「五」這個詞如何被使用。
>
> （《哲學研究》§1）

這樣一來，維根斯坦的具體事例便開始了對如下兩種奧古斯丁式的誘惑的抵制：其一是將語言從其用法中抽離出來加以思考，其二是試圖尋求意義的本質。維根斯坦之所以發明這樣一個簡單語言的事例——在這裡，每個單詞都擁有與之關聯的清楚明白的操作技法——一方面爲的是突顯語言和非語言活動的相互交織，另一方面是想表明表達式的不同功用如何得以在用法中彰顯出來。就這樣，一個具體的事例被用來抵禦哲學誘惑，而其本身又未被當成哲學學說的來源。

「磚！」「柱！」「板！」「樑！」

維根斯坦使用《哲學研究》§1中提出的例子，是要我們注意到，即便在一種簡單語言中也存在著多種語言技法。在《哲學研究》§2中，他則引入了一條不同的批判路徑。他這裡不是要我們注意那些否定奧古斯丁的簡單化描述的語言要素，而是要我們「想像一種奧古斯丁的描述所適用的語言」（《哲學研究》§2）。於是，我們被要求去想像一種由「磚」、「柱」、「板」和「樑」這些詞構成的語言，這些詞的功用就像「桌」、「椅」、「麵包」等一樣，是要分辨出一種特殊類型的對象。我們要將這種語言設想爲一個說話者共同體的全部語言，不過也得在其自然背景中設想它如何發揮功用，因爲它是和其使用者的實際生活交織在一起的。維根斯坦用這個例子，探討奧古斯丁爲我們提供的關於語言習得的圖象，要求我們仔細設想怎樣教會一個孩子使用這種語言，以及如何判定他是否成功地掌握了它。

我們要設想這種「磚」、「柱」、「板」、「樑」等語言就是一個施工部落的全部語言，而這一部落的孩子們必須適應這種語言。維根斯坦描述，這樣做如何會讓他們既必須學會從事建築，又必須學會使用並應答語言，因爲語言是在這種建築活動的場景中被使用的：

> 孩子們被引導去做出這些行動。而在這樣做時使用這些詞，並且去以這種方式對他人的言辭做出反應。
>
> （《哲學研究》§6）

作爲這一訓練過程的一部分，孩子們則被教會在一個詞和某種特定形狀的建築石料之間建立關聯。這顯然是奧古斯丁所提供圖象的一部分。奧古斯丁這樣來描述這一過程：孩子天生就知道將名稱賦予事物的技法；在大人發出一種聲音並指著一個對象時，孩子就已理解他們在做什麼。相反，維根斯坦則堅持認爲，我們不應該稱如下這樣的過程爲「實指定義」：教師「指著對象，把孩子的注意力引向它們，並同時說出一個詞，例如，他在指著具有一定形狀的東西時，說出『板』這個詞」（《哲學研究》§6）。維根斯坦所說的「實指定義」，是指通過指著一個範本而賦予一個詞有意義的行動。教師一開始做出指著一個特定形狀的東西並發出適當聲音的行動，並不能視作一個詞的實指定義，因爲孩子還無法將大人的所作所爲，理解爲定義一個名稱。他尚未掌握命名的技法，他「還不能夠去追問名稱是什麼」（《哲學研究》§6）。所以，維根斯坦才把我們剛才描述的過程稱爲「實指教詞」（《哲學研究》§6）。

我們就假定，這種實指教詞最終確實在（例如）「板」這個詞和某一特定形狀的建築石料之間建立起了一種關聯。那麼，這種關聯是什麼呢？維根斯坦指出，我們首先想到的很可能是：「孩子聽到這個詞時，這一對象的圖象就浮現在他心中了。」（《哲學研究》§6）奧古斯丁說，他漸漸弄懂了他所用詞語的指代對象，這種想法顯然讓人想起了這樣一幅圖象。維根斯坦並不否認這樣的事情很可能會發生，但他要求我們去探究下面這兩件事之間的關聯：其一是，當一名學童聽到「板」這個詞時，他得到一個關於板形石料的意象；其二是，在建築活動過程中，有人發出「板！」這樣的叫聲時，他能聽得懂。「板」這個詞讓這名學童形成了關於一塊板的意象，這一事實，是不是意味著他理解了這個詞，或者掌握了這種語言呢？維根斯坦表明，要回答這一問題，我們需要問，在這一部落的語言中，「板」這個詞的目的是什麼。

我們看到，維根斯坦這裡對奧古斯丁的回應又是退讓性的，而非直面性的。他並不聲稱語言的目的，不可能是在聽者的心中引起意象。他指出，以這種語言說出一個詞就宛如「在想像的鍵盤上敲出一個音符」（《哲學研究》§6）。然而，這並不是使用這種假想的施工部落語言的目的之所在；他們使用「板」、「磚」、「柱」、「樑」這些詞的目的，並非是在他們的聽者心中引起意象來。維根斯坦承認，形成這些意象，會幫助聽者達到說出這些詞的實際目的，但是這種實際目的是在《哲學研究》§2中描述出來的：

> 甲正在用石材建房，材料有磚、柱、板和樑。乙得遞送這些石材，而且得按甲所需要材料的順序遞過去。為實現這一目的，他們使用了由「磚」、「柱」、「板」、

>「樑」這些詞所構成的語言。甲叫出這些名稱；——乙便憑藉他的所學，照如此這股的喊叫聲，拿過來相應的石材。

假定這就是以這種語言說出這些詞的目的，那麼，孩子在聽見「板」這個詞時形成了關於一塊板的意象——這一事實，是否足以造成對該詞的一種理解呢？維根斯坦也未做出否定的回答，只是要我們注意由奧古斯丁式圖象所忽略的語言訓練的一個方面。我們一向只根據孩子心中所發生的事情，去設想由實指教詞所伴隨的過程，卻忽視了這種語言訓練是如何在這一部落的施工實踐中被嵌入一種總體訓練的。一經關注語言實踐之嵌入學習施工的更大背景，我們便能看到，這一過程被忽略的那一方面對於我們通常關於理解的觀念實際上有多重要：「你若是以如此這般的方式，按照『板！』這樣一聲呼叫行事了，你還能不理解它嗎？」（《哲學研究》§6）實指教詞自然在這中間發揮了作用，但這一語言中的詞語的功用只是隨著它被嵌入施工活動才被賦予的，而且，只有通過掌握這種功用——亦即通過掌握這些詞在這種活動中的用法——學童才算是達到了我們通常用於判定理解這種語言與否的標準。

在《哲學研究》§7中，維根斯坦引入了語言遊戲概念，以突出這個事實：語言是在說話者活生生的實際生活中發揮功用的，其用法勢必和構成其自然背景的非語言行爲密不可分。他引入這一概念時，聯繫到了如下三種不同類型的活動：

> 1. 一方說出詞語，另一方照它們做。

2.老師指著一塊石頭，學童說出一個詞語。
3.學童跟著老師念這個詞。

後兩種活動發生在學童的語言教育中。維根斯坦指出，這些活動雖「類似於語言」，卻還不是眞正的語言。就其用到語詞並將這種運用聯繫於指向特定種類石頭的活動而言，這些活動類似於語言，但它們只構成於施工活動中完整使用語言的前奏。維根斯坦既把「語言遊戲」這個術語和我們藉以教孩子的活動，聯繫起來使用，又把它同在懷著某種目的的活動背景下，使用語言的活動聯繫起來使用。在《棕皮書》（一九三四至一九三五年口授）中，維根斯坦主要是聯繫前一觀念來使用這一術語，但到了《哲學研究》時期，第二種觀念就更顯重要了。

維根斯坦的語言遊戲概念，迥然不同於作爲一個有意義的記號系統，可從其實際使用中抽離出來考慮的那種語言。維根斯坦不是要求我們把語言作爲一個有意義的記號系統去探討，而是力勸我們就地思考它，任其嵌入使用者的生活當中。這種試圖析離語言，或將其從它平常生存的背景中抽象出來的傾向，與下面兩件事有關：一是我們對它採取了一種講理論的態度，二是我們急於想解釋，這些純粹的記號（純粹的標記）何以能獲取意指或表象某物的非凡能力。維持根斯坦旨在使我們明白，在做這種抽象時，我們背離了對語言的實際功用至爲重要的所有東西；恰恰就是我們將語言從其在我們日常生活的使用中抽象出來的做法，讓語言成了死的東西，其表象能力這才迫切需要解釋。因此，感到需要解釋語言（作爲一個符號系統）何以具備這種表象世界的魔力，原來是與我們未能在它實際起作用的地方觀察它有關的。維根斯坦並不打算來滿足我們對一種表象理論（一種解釋死記號何以獲取意義的理論）的需求，而是要消除這種需求感，促使我們在語言實際發揮作用的地方，亦即我們可以看見其本質充分展現的地方去觀察它。維根斯坦藉語言遊戲概念將我們的目光引向「時空中的語言現象，而不是非空間、非時間的幻相」（《哲學研究》§108），目的是讓我們一步步看出「這裡不涉及任何超乎尋常的東西」（《哲學研究》§94），我們爲理解語言的本質所需的所有東西「都已明擺在眼前了」（《哲學研究》§126）。

維根斯坦要我們設想《哲學研究》§2中的「板」、「磚」等語言的一種擴充形態，以便進一步探討孩子掌握一種語言遊戲所經歷的過程。這種擴充後的語言加進了一些顏色樣本，還有數字以及表達「那裡」和「這個」的詞，它們被使用時總是伴隨著一種用手去指的姿勢。他這樣描述了在這種擴充的語言中一種可能發生的交流：

> 甲發出一個類似這樣的命令：「d—板—那裡」。與此同時，他讓助手看一個顏色樣本，而在說出「那裡」的時候，他指著工地上的某個地點。乙則按字母表的順序一直說到d，每說一個字母，就從板材堆裡取一塊與顏色樣本同色的板，然後把它們搬到甲指定的地點。

這種經過擴充的語言所引入的，顯然是一些以完全不同於「板」和「磚」的方式起作用的詞語。我們在《哲學研究》§1中已經看到，奧古斯丁提供的意義圖象完全不適用於像「a」、 「b」之類的詞。它顯然也同樣不適用於像「那裡」和「這個」這樣的詞。維根斯坦現在要探討的是，奧古斯丁對實指教學的強調，能否很好地描述孩子接受這些進一步的語言技法訓練的過程。

一個孩子在學這種擴充的語言時，得背下一串數字，而且說出它們的時候，總得按同樣的順序，一個不漏。他還得學會如何用這些數字下達命令、回應命令，於是，數字的使用便以適當的方式和非語言行為綁在了一起。維根斯坦承認，實指教學可以在這裡派上用場，例如，老師可以指著一些板，並這樣來數：「a、b、c 塊板」，而且，他也可以只通過用手指並說出「b 塊板」、「c 塊板」等，來教前六個數字，這些數字描述的是可一覽無遺的一組對象。可是，「那裡」和「這個」這些詞，能否被實指地教會呢？

假如孩子以為「那裡」和「這個」描述的，是一個地方或者被指著的一個東西，那麼，他就沒有理解這些詞的功用。奧古斯丁的那幅過於簡單的意義圖象引出了這種觀念：實指教學提供了語言習得過程的一個模型。然而，一旦意識到，即便在這種非常簡單的語言遊戲中也存在著語言技法的多樣性，我們慢慢就可看到，奧古斯丁是在以偏概全，而事實上以語言進行的訓練就像構成它的技法一樣紛繁複雜。

維根斯坦現在要問：「這種語言的詞語指代什麼？」（《哲學研究》§10）這類問題會促使我們將語言從其用法中抽象出來去思考，從而形成關於它如何起作用的錯誤圖象。所以，維根斯坦做出回應的方式，是對這一問題提出質疑：「如果不是它們的那種用法，還能有什麼可以表明它們指代什麼？而我們已經對此做了描述。」（《哲學研究》§10）我們在問「這種語言的詞語指代什麼」時，就有了關於所要求的回答形式的一種特殊觀念，這種觀念，和關於指著由一個詞所指代的對象的觀念聯繫在一起。但我們看到，表明一個詞的重要性是它的用法，而不是可被指著的一個對象。即便如此，欲行概括的願望，仍會促使我們尋求用於說明表達式之意義的標準形式（canonical form）；這種標準形式，就因為是一般可應用的，才仍會讓我們以為它抓住了意義的某種本質。於是，維根斯坦接下來就要表明，這種關於標準形式的觀念是怎樣地空洞無物。他並不是說不存在這樣的標準形式，而是先假定，我們可以沿著「這個詞指代這個」或者「××詞指代××物」這樣的思路來構建一種標準形式，然後再表明這樣做所得到的是多麼的少。

首先，儘管「『板』指代這個對象」這句話，可以區別開「板」（相對於「磚」）所指稱的建築材料的形狀，但它並不能指明任何關於「板」一詞如何被實際使用的情況。使用該詞的技法，純粹是在這種標準描述中預定下來的。因此，這種標準描述並不能讓我們更接近意義的本質，因為在一個語言遊戲中使用名稱的整個參照系統，不是被描述出來的，而是被預定下來的。其次，儘管在某種特定的誤解情形中，「『a』、『b』、『c』指代數字」這句話，會告訴我們這些詞並不像「板」和「磚」那樣起作用，但是，援用標準形式並不足以讓這些不同類型的表達式在意義上更為接近。我們已經看到，這些詞的功用完全不同，而將它們納入同一模式，根本無助於確立一種可視作意義之本質的共同特徵：「如此將關於詞的用法的描述統一劃齊，並不能讓這些用法本身彼此更為類似。因為我們都已看到了，它們絕對是不一樣的。」（《哲學研究》§10）想要構建一種標準形式去說明表達式的意義，結果會是什麼也得不到；

這實際只會讓完全不同的表達式看起來更爲相似而已。

維根斯坦拿工具箱裡工具的不同功用來比喻語言中表達式的不同功用。這一比喻強調的是，語言的實際用法、語言之嵌入更廣的活動以及關於某一技法的訓練與掌握的觀念，這種強調對於維根斯坦逐步置於我們眼前的那種語言景觀而言，絕對是最爲關鍵的。這一比喻突顯了語言的日常性，集中展現了它在我們生活中實際作用的平凡的一面，從而也讓語言看起來不那麼「輕飄」了。這一比喻也極力反對我們尋求語言的表象性本質的願望，因爲我們完全感覺不到，要去解釋一種工具何以成爲一種工具，或者去描述工具的共同本質。讓一種工具成爲一種工具的，就是它被用做一種工具，每一種工具以其特有的方式被使用。由工具比喻突顯出的那些語言側面，之所以在我們做哲學時會不被注意，恰恰是我們傾向於，並非在語詞被應用或被使用的時候去思考它們，而是在它們被寫下或被說出的時候，脫離其實際用法或應用去思考它們。但是，脫離其應用，所有語詞都看似完全具有意義，於是這便誘使我們認爲，它們必定全都是以完全相同的方式被弄成有意義的。

維根斯坦就《哲學研究》§8中擴充的語言，還提出了這樣的問題：顏色樣本是否應視作這種語言的一部分？顯然，要說它們應被如此看待，肯定有違於奧古斯丁的圖象，因爲在那裡樣本會被當成「紅色的」一詞所意指的東西，從而會被擺在「世界」或「意義」一邊，而不是擺在語言一邊。維根斯坦的評論一直極力反對的就是這樣的觀念，即意義就在於詞語和對象之間的關聯，或者是關於詞語和意義之間的對立的一般觀念。在考察《哲學研究》§1、《哲學研究》§2和《哲學研究》§8中的簡單語言遊戲時，我們已開始根據說話者在他們活生生的日常生活中所援用的技法來看待語言了。就顏色樣本構成了說話者在做出指令的過程中所使用的工具而言，維根斯坦提出，把它們視作語言的部分是合適的：「把樣本算作語言工具，最自然不過了，也不會引起多少混亂。」（《哲學研究》§16）

這麼看來，維根斯坦對奧古斯丁的批判，似乎不過是主張，語言不只是由對象的名稱構成，而是包含著種類繁多的表達式，其中的每一種都以不同的方式起作用。這會讓人想到，維根斯坦認爲奧古斯丁的錯誤只在於太過片面，而他理解語言之結構和功用的總體路徑並沒有錯。要是這樣的話，維根斯坦的批判就該看做是要促成這樣一項計畫，那便是對我們語言表達式的不同範疇以及與之相關聯的不同技法進行系統分類。維根斯坦在《哲學研究》§17中清楚地表明，他拒絕任何這類計畫。他說，我們可以心懷某個特定的目標，並爲著某種特殊的目的，把詞語進行歸類，但他又含蓄地說，任何這樣的歸類都不應視爲揭示了語言的固有結構。所以，他在對奧古斯丁的批判中，沒有任何東西可被恰當地看成是要去表明，存在著某種關於不同種類表達式的正確分類。他所關注的那些表達式間的區分，亦即，僅當我們察看表達式的用法時才能看清的那些區分，之所以會被引入進來，是要達到一個非常獨特的哲學目標，那便是將其樹立一個對立面，以抵制那些企圖通過將語言從其用法中抽象出來，並將其運作過程理想化、簡單化來思考語言的傾向。因此，不能把維根斯坦構造的那些事例，當成是一種萌芽中的理論的草圖。這種理論可本著他的研究的固有精神，發展成某種精確的或系統化的理論，他對這些特殊具體事例的興趣，全部傾注於它們對於克服特定的哲學混亂、抵制欲行概括的衝動所發揮的作用上了。

維根斯坦接著又表明了一系列重要看法，這些看法關乎他所描述的那些簡單語言遊戲與我們自己實際參與的語言遊戲之間的對比。他暗示，我們可能會覺得《哲學研究》§2中的語言遊戲及其擴充版本，不可能是完整的語言，因爲它們僅由命令構成。維根斯坦反問道：「我們的語言是否就是完整的呢？在現代科學的高度專門化的新概念引入之前，我們的語言完整嗎？」這顯然引出了許多重要的問題。首先，關於一種完整語言的觀念有沒有意義？維根斯坦在《邏輯哲學論》中構建的那套表象理論，可被闡釋爲不僅使得上述問題有意義，而且使得每一種有意義的語言必然是完整的：「假如給定所有基本命題，則世界便被完全地描述了。」（《邏輯哲學論》§4.26）他似乎樂於接受這樣一個進一步的推論，即所有描述這一世界的語言，必定都可以完完全全地實現互譯：「任何一種正確的記號語言都必定可翻譯爲任何別的記號語言……；這正是它們全都共同具有的東西。」（《邏輯哲學論》§3.343）這些主張全都基於一種表象理論，這種理論要求在基本命題系統與可能事實的總和之間，有一種嚴格形式化的同型同構。但是，即便拋開這種特定的意義理論，我們依然可以看出這一觀念對於這樣一些人的吸引力，他們認爲語言的本質在於命名和描述，所有語言都必須包含一種進行事實描述的內核，因爲正是這一點，似乎構成了它同它所表象的世界之間的本質關聯。

當然，維根斯坦早已放棄了《邏輯哲學論》的表象理論，以及由它例示的那種講理論的思想風格。他轉而爲我們提供了這樣一幅語言圖象：語言就是說話者在日常生活過程中所使用的一套工具或技法。這幅圖象不是以一種新表象理論的形式提出，而被當作一種察看語言的方式——「一個比較的對象」（《哲學研究》§131）——這種察看方式，抵制著企圖將語言從其用法中抽象出來加以思考的誘惑。但是，就他已從主張語言的本質在於模擬事實，轉到主張它乃是由不同技法構成的混雜物而言，語言的完整性這一觀念已沒有什麼意義了。沒有任何本質性的結構或功能，可作爲界定完整性觀念的參照物；說起一種完整語言，也就跟說起一個完整的工具箱差不多。構成一種語言的那些技法，其要點源自語言使用者的生活中圍繞著它們而發生的一切，而並非源自關於表象必定在於什麼的一種抽象的、理想化的構想。新的技法出現了，別的一些技法消失了，這一切的發生，不是由於語言本質所加的任何強制，而是出於使用這些技法的人們的目的和需要。維根斯坦把作爲變動中的技法混合物的語言比作一座城市，在這裡，古老的街道不斷被擴建，現有的東西也在不停地變動；完整性觀念在這裡根本就不適用。

其次，維根斯坦所描述的簡單語言遊戲是不完整的，這恰恰表明了，我們多麼想從我們自身語言的視角，去判定這些語言遊戲。從我們語言的視角來看，這些簡單語言遊戲，看起來確實是不完整的。然而，我們從不會認爲我們自身的語言是不完整的，儘管其符號系統會以各種不同的方式發生變化。在現代化學和其他科學的符號系統被引入之前，我們的語言也不會讓使用者感到它是不完整的。無論說語言完整，還是說它不完整，都沒有什麼意義，因爲語言對說它的人們而言，代表的是某種形式的界限；它代表的是我們由以做出判定的起始點。我們的語言，不是因爲更加接近某個理想或完備的符號系統，而優於維根斯坦所描述的那些語言遊戲，它只是更豐富、更複雜一些而已。像完整性概念一樣，不完整性概念也歸屬於絕對正確或本質性的表象系統這一錯誤觀念。

正是在這裡，維根斯坦引入了生活形式的概念：「想像一種語言，就意味著想像一種生活形式。」（《哲學研究》§19）語言作爲生活形式的觀念，就像語言遊戲觀念一樣，是要與作爲抽象記號系統的語言觀念形成對照；它也是要突顯這一事實：語言被嵌入了一個重要的非語言行爲的視域中。因此，正如「語言遊戲」這一術語，是要激起關於在說話者的非語言活動中被使用的語言的觀念。「生活形式」這一術語，是要激起這樣的觀念：語言和語言交流被嵌入了活生生的以人類爲主體的群體生活之中，這些生活具備意味深長的結構。維根斯坦這裡所使用的生活概念，不是指生物學意義上的生活，也不是指一個特定族群的非歷史意義上的生活。確切地說，生活形式的觀念適用於由個體組成的歷史群體，這些個體是由一套複雜的、加入語言的共同實踐而組合成一個共同體。這些實踐基於生物學意義上的需求和能力，但是，就這些需求和能力，需藉助一套錯綜複雜而又具有歷史特殊性的語言遊戲，才能滿足和施展、改變其形態。我們人類的生活形式，本性上乃是文化的（而非生物學的）。去分享或理解由個人組成的某個群體的生活形式，就意味著掌握或理解對其獨特實踐必不可少的那些錯綜複雜的語言遊戲。維根斯坦以「生活形式」概念所強調的，正是語言和將一個共同體維繫起來的那套複雜的實踐和活動系統之間的這種至關更要的聯繫。

在奧古斯丁關於我們何以掌握語言的解釋中，包含著這樣的觀念：孩子內在地擁有一種完整的或結構化的人類意識，這種意識在孩子習得語言之前就已存在。奧古斯丁認爲，孩子習得語言，爲的是表達內心已有的思想和願望。相反，維根斯坦之主張語言概念內在地關聯於生活形式概念，則向我們表明，成熟的人類主體，是隨著其生活在不斷獲得更複雜的新語言遊戲的過程中被結構化，才慢慢出現的。在掌握一種語言的同時，孩子進入了一個社會性的實踐世界，這一世界的結構不只是基於一些概念，而且還基於必定會涉及語言之用法的那些行動和反應方式。人類主體，無論作爲意識還是作爲軀體，都不是絕對的存在，而是發展或進化的結果。在這一過程中，人類主體獲取愈益複雜的生活形式，而構成其生活世界的現象也因此變得更爲豐富、更加複雜。維根斯坦在下一個話題中會進一步探討這樣的誘惑：無視我們生活形式的可辨別結構，反倒訴求於隱藏著的內在結構，想著用它們去解釋語言如何發揮功用。

意義與用法

維根斯坦接下來提出這樣一個問題：《哲學研究》§2語言中的「板！」的意義，是不是和我們的「板」這個詞或者「板！」這個省略句的意義一樣？他指出，它不可能與我們的「板」一詞的意義相同，因爲《哲學研究》§2語言中的「板！」是一個完整的呼叫。但是，如果「板！」必須被看作一個完整句，它肯定不可能等價於我們的省略句「板！」，因爲後者乃是我們的句子「遞給我一塊板」的縮略，而《哲學研究》§2語言中，並不包含任何與這個較長句子對等的東西。於是便出現了這樣的問題：既然「遞給我一塊板」這個句子從未被涉及，而且在「板！」作爲其一部分的語言遊戲中根本就不存在，我們又有什麼理由把《哲學研究》§2中的「板！」看作它的縮略呢？他反問道：「我們爲什麼不應當把『遞給我一塊板』看作『板！』這個句子的擴長呢？」

此間，訴求於某種固有的內在結構，亦即眞正由「板！」表達出的思想誘惑是非常強的。

因爲我們想說《哲學研究》§2語言的使用者在發出「板！」這樣的呼叫時，眞正要表達的意義是：「遞給我一塊板。」我們覺得，隱藏在說話者的話語背後的思想、意義或意圖，只有用更完整的句子，才能適當地或者合乎標準地表達出來。正是出於這種考慮，我們才會說「板！」乃是「遞給我一塊板」的縮略，即便這個較長的句子在《哲學研究》§2語言中並不存在。「板！」這種表達絕對是經過縮略的，因爲，存在於說話者心靈中的意義本身具有某種只能由較長句子表達出的複雜性。這種思想肯定包含著對《邏輯哲學論》的仿效，在那部著作中，命題的邏輯形式是某種必須經過分析揭示出的東西，而分析則被視爲：揭示由一個句子表達的命題（思想）的固有邏輯形式。但是，更一般地說，上述思想透露出的是這樣一種誘惑，即把心靈看作是具備一種內在結構，這種結構可以只是鬆散地與人類行爲的外顯形式相關聯，它構成像意指和意向這樣的心理狀態的本質。

維根斯坦現在著手對這種關於隱藏在行爲背後的絕對內在結構的觀念提出質疑。於是，當對話者聲稱：「如果你喊『板！』，你的眞實意思是『遞給我一塊板』」時，維根斯坦問道：「可是你是怎樣做到這一點的呢？你是怎麼在說『板！』時意指那種東西的？」「遞給我一塊板」在什麼意義上，揭示出了一名說話者說「板！」時所意指的東西的眞實形式呢？說話者在說出一個簡單的句子時，何以能意指更複雜的句子呢？他所具有的思想，或者他說「板！」時所意指的東西，怎麼就具備了這種額外的複雜性呢？維根斯坦問道：「你對自己說那個未經縮略的句子嗎？」而答案很明顯：並非如此。那麼，我們爲什麼會覺得，必須把「板！」翻譯成另一個句子，以說出某人用它表達的意義呢？爲什麼說某人在說「遞給我一塊板」時，實際意指的是「板！」，不可能是同樣正確的呢？對話者回應道：「可是，我在呼叫『板！』時，我想要的就是，他應遞給我一塊板！」維根斯坦回答說：「當然，但是『想要這個』就在於，以這種或別種形式思考一個不同於你說出的句子嗎？」（《哲學研究》§19）

維根斯坦又提出這樣的問題：是什麼讓「遞給我一塊板」這個句子比「板！」這個句子更複雜？難道不能把「遞給我一塊板」這個句子，作爲一個長單詞說出來嗎？是什麼東西表明了這個句子（「Bring him a slab.」）由四個詞而不是一個詞組成？他指出，我們把這個句子當成是由四個詞組成，只在於我們把它同我們語言的其他可能的句子相比照來使用，例如：「遞給他一塊板」（「Bring him a slab.」），或者「遞給我兩塊板」（「Bring me two slabs.」）等等。他接著問，把這個句子同這些句子「相比照」使用是什麼意思？在我呼叫「給我一塊板」時，這些句子肯定並沒有盤旋於我的心靈中。他接著寫道：

> 不。即使這種解釋十分吸引我們，我們還是要停下來想一想實際發生了什麼，以便看清我們在這裡已誤入歧途。我們說我們是參照其他句子來使用這一命令的，因為我們的語言包含著這些其他句子的可能性。
>
> （《哲學研究》§20）

因此，並不是內在於說話者心靈（或大腦）中的結構的存在，使我們有理由說，他把這個句子當成由四個而不是一個詞組成的。我們認爲他把它視作由四個詞組成的，理由在於他所掌握的那種語言的語法可能性。維根斯坦接著這樣寫道：

你下這個命令時，內心裡發生了什麼？你說出它的同時意識到了它是由四個詞組成的嗎？當然，你對這種語言——它也包含這些其他句子——有一種掌握，可是，「有一種掌握」是在你說出這個句子時所發生的事情嗎？

（《哲學研究》§20）

這一問題觸及我們所面對的這種誘惑，即依據存在於主體心靈（或大腦）中的某種確定的內在狀態去圖解心理現象（比如，理解或者把握）。例如，我們會傾向於根據隱藏在我們說出「遞給我一塊板」背後的一種內在結構，來設想讓我有理由把這句話當作由四個詞組成的那種對語言的把握。我們覺得，我把這句話當作由四個而不是一個詞組成的，必定就在於我說出這些詞的那一刻所存在著的某種東西。心靈是這樣一種內化機制，其內在結構支撐著外化行爲的結構，並爲之提供解釋——這幅圖象非常誘人，但是它和下述觀念是根本對立的：我們爲理解心理現象所需的一切都「已然明擺在眼前了」（《哲學研究》§92）。正是這幅將心靈做成一種內化機制或心理狀態貯藏室的圖象，成了《哲學研究》攻擊的主要目標之一。維根斯坦是這樣引入他對這幅圖象的反對意見的：

我承認這名外來人（他以為「遞給我一塊板」【「Bring me a slab」】是一個詞而不

是四個），或許會以不同的方式發出一個句子的音，要是他以不同的方式設想它的話；但是，我們說他的構想錯了，這種錯並非就在於伴隨著這一命令的發出的任何一種東西。

（《哲學研究》§20）

維根斯坦這裡是想引導我們，不在伴隨著這句話的說出的東西中，而在環繞著它的東西中，去找尋爲「遞給我一塊板」這個句子的某次陳述結構提供根據的東西。於是，他引入了這樣的觀念：並不是任何在那一刻出現的東西，或者存在於說話者心靈中的東西，決定了他把它看作四個而不是一個詞。例如，我們可以設想在把這個句子看作一個詞的外來人的心靈中，和在把它看作四個詞的本地人的心靈中，所發生的恰恰是同樣的事情。爲理解本地人和外來人之間的這種區別，我們應當察看說出這些詞時的背景，也就是察看並非伴隨著它們的說出，而是構成其背景或視域的某種東西。讓本地人有理由把這個句子看作四個詞的那種把握，並不在於說出它的那一刻存在著的事實，而在於環繞著它的一種由實際的和潛在的語言用法構成的不確定視域；正是語言的這種環繞式用法給予了他當下對這一句子的那次陳述的結構，無論這種結構是什麼樣子。因此，把「遞給我一塊板」當作或理解爲四個詞的那種狀態的結構，並非得自爲該主體心靈的內在運作過程所固有的某種東西，而是得自他正參與其中的語言遊戲的結構，而這種結構是在由其語言和非語言行爲組成的更大背景中揭示出來的。正是心理學概念的這種特徵——它們的歸與（ascription）本質上依賴於並非物理地、而是在此前和此後發生的意義上地環繞著它們的東西的那種方式——揭示出了心理現象與物理現象之間的根本區分。心理狀態的結構和複雜性，並不在於某種內在機制（精神或心理上）的結構和複雜性，而在於複雜的（時間上延展的）生活形式，這種形式在個體的行為中表現出來，而且可從第三人稱視角加以把握。我們此時尚不能完全理解，維根斯坦究竟怎樣去反對顯然仍居於統治地位的關於精神現象的圖象，也無法判斷他是否提供了一幅嚴肅的替代圖象，或者說，也無法確定他在反對占統治地位的圖象時，是否贊同某種形式的邏輯行為主義。所有這些問題都將在本書有關維根斯坦心理學哲學的章節中予以更充分的探討。

維根斯坦接著又重提省略問題。是什麼東西促使我們說「板！」是「遞給我一塊板」的省略？他表明，並不是因為它乃是伴隨著「板！」說出的那種思想的縮略形式，而是因為在我們的語言中，「遞給我一塊板」代表著一種範例。對話者當下即提出如下問題：「『你同意縮略句和未縮略句具有同樣的含義。——那麼，這一含義是什麼？這種意義難道不能用言辭表達出來嗎？』」（《哲學研究》§20）維根斯坦做出回應的方式是：把我們的關注點從這種意義的理想表達上移開，並轉到構成這些句子中每一個的某次陳說之背景的那種共同用法上。因此，正是這些句子在一個更廣的語言遊戲中共有一種用法，或者發揮同樣的作用這一事實，使得它們具有了相同的含義。我們不再去尋求這種含義的理想化表達，而是被引導去關注這些句子在我們的語言實踐中的功能，而正是這種實踐構成了這些句子在特定情境中的用法的背景框架。

在《哲學研究》§21中，維根斯坦進一步探討了背景——在某一次特定的陳說之前和之後發生的事情——在確定所意指的東西時所發揮的作用。具體做法是考慮這樣的問題：是什麼東西使得說出「五塊板」這組詞的人，是想發出一個命令，而不是做出一個報告？他再次表明，使得說出這組詞是想做某件事而不是另一件事的，既不是伴隨著這組詞陳說的任何東西，也不是爲這組詞被說出的方式所固有的任何東西（儘管這種方式在每一情形下會各不相同）。我們可以設想，命令和報告是以完全相同的語調做出的，而其中每一個的「應用」仍然是不同的。使用這組詞的某次陳說的「應用」這一概念，是想喚起「五塊板」的這次陳說嵌入其中的整個行爲背景，而維根斯坦也是想把這一概念同這組詞被說出的那一刻所發生的任何事情相對照。因此，說「五塊板」被當作一個命令和被當作一個報告之間的區別有賴於這種應用，就是要表明，並不是說話者心靈中的某種伴隨這組詞陳說的東西，而是環繞著它（亦即在它之前和之後發生）的東西，決定了這組詞被用於意指什麼。是處於表面的東西——亦即存在於語言用法嵌入其中的活動型式中的東西——所具有的各別形式，爲命令和報告之間的區分提供了依據，而不是說話者的某種深藏不露的內在狀態。

主張正是說出一個句子在語言遊戲中發揮的那種作用，決定了它的說出構成了一個命令還是一個報告，顯然有違如下這個與把語言當作一種運算方法的圖象相關聯的觀念：即命令與報告之間的區分建基於這個句子的如此這股的形式特性。哲學家還強調由我們的思考方式而來的句子間的形式的、語法的區分，這導致他們假定存在著應用三種不同語法形式的三種基本句型——斷言句、疑問句和命令句。相反，維根斯坦則強調陳說在語言遊戲中的作用，這促使我們去察看我們實際使用句子的不同方式，以之作爲進行這些區分的依據。當我們察看句子如何被使用時——察看我們以我們語言中的句子玩的那些語言遊戲時——我們所面對的可不只是三種句型，而是無限多種：

有無數種（句子）：有無數種我們稱之為「符號」、「詞語」、「句子」的不同用法。而且這種多樣性並非一成不變的；我們說，新的語言類型、新的語言遊戲不斷湧現，而其餘的一些則過時了、被遺忘了。

（《哲學研究》§23）

維根斯坦強調，要從將語言視作一種計算方法或一個句子系統轉向把它看作本質上和下述應用概念相關聯的：

這裡用「語言遊戲」這一術語是想突顯這樣的事實：說一種語言，乃是一種活動或者一種生活形式的組成部分。

（《哲學研究》§23）

從根本上說，語言是嵌於條理化的活動中的，這些活動構成一種「生活形式」。幾乎所有人類活動都同語言的使用有固有的關聯，或者說，都以某種方式奠基於其中；我們的生活形式處處充滿了語言用法的烙印，前面說我們的生活形式根本上是文化的，所表達的正是這個意思。學會我們的語言，或者參與我們的生活形式，和掌握無數種語言遊戲是密不可分的。在

《哲學研究》§23中，維根斯坦提供了構成我們生活形式這串長長的、顯然並不完整的各具特色的語言遊戲清單：

發布命令和服從命令——
描述一對象的外觀，或者提供有關它的測量結果——
由一種描述（一幅畫）構思一個對象——
報告一個事件——思索一個事件——
構造並檢驗一個假說——
將一次實驗的結果用表格和圖形表示出來——
編寫一段故事，並把它讀出來——
演戲——
唱歌——
猜謎——
編個笑話，把它講出來——
解一道數學應用題——
把一種語言翻譯成另一種——
提問，致謝，詛咒，問候，祈禱。

因此，學會我們的語言就意味著被同化，亦即參與由交織著語言的條理化活動構成的一張巨大的網絡。這種關於語言習得過程的豐富構想，迥然不同於奧古斯丁關於語言學習的貧乏觀念，而正是他關於語言作爲有意義的記號系統的構想，使得這種觀念幾乎難以避免。將語言從其用法中抽象出來加以探討，導致我們忽略或誤解在掌握語言時所參與的語言遊戲的豐富多樣性。哲學家以爲，我們使用語言時表現出的這種多樣性，對於其本質而言是附屬性的；他不認爲語言的結構和功用，是和其用法嵌入其中的那些複雜活動的結構和功用纏繞在一起的。維根斯坦認爲，語言的結構和功用，只能在它嵌入說話者活生生的生活時被就地揭示出來。這便承認語言的這些不同用法，乃是它不可或缺的構成部分。因爲，能向我們表明語言如何發揮功用，或者表明它是怎樣一種現象的，乃是在我們對語言的實際使用中揭示出來的那些結構和區分，而不是在語言被從其應用中抽象出來時仍然保留的那些東西。

在《哲學研究》§24中，維根斯坦明白告誡我們要警惕這樣的危險，即對語言採取一種過於狹隘的觀點，忽視他們表現的文化景觀。他表明，就是因爲忽略了語言遊戲的豐富多樣性，我們才被引誘去問類似「什麼是一個疑問句？」這樣的問題。我們被引導去尋求作爲一種單一的、可辨識的語言形式的疑問句本質，以爲可嘗試去模擬這種本質。那麼，我們就來考慮一下各種涉及問題的語言遊戲：

測試一名學童的歷史知識。

玩「二十問」遊戲（playing twenty questions）。

審訊一名殺人嫌疑犯。
對一個熟人說「你好嗎？」。
向某人求婚。
請求漲工資。
心理分析師的問診。
婚禮上的問語。

我們這裡看到的，是極爲不同的實踐或語言遊戲，其中每一個都會喚起一種複雜的文化場景。維根斯坦就是要把我們的注意力引向存在於這些複雜的文化現象之間的區分，因爲人類語言現象的眞實複雜性就是在這些區分中揭示出來的。上述每一個語言遊戲均用到同一種表面語法結構，這一事實並不能把這些懸殊甚大的實踐使彼此拉得更近一些，而關注這種表面的相似性，反倒讓我們看不清實際揭示出語言現象之本質的那些差別。我們不是去觀察於我們的各種語言實踐中明擺在眼前的差別，而是去搜羅這麼一頭怪物：疑問句的本質。維根斯坦要我們關注的這些差別，並不是附屬於語言的，因爲我們對語言的理解是密切相關於理解，並參與所有這些複雜語言遊戲的一種能力的。只有把語言從其用法中抽象出來之後，我們才會被引誘去忽略我們實踐中的差別，去追尋斷言句、疑問句、名稱等的本質；因爲一旦把注意力放在時空中的語言現象上，我們就能看到，所觀察到的語言遊戲間的區分跟我們構造出的抽象範疇根本搭不上關係。哲學家想著去構建關於意義、斷言句、疑問句等本質的解釋，這不僅「把我們弄去搜羅怪物」（《哲學研究》§94），而且也讓我們忽略了眞正的區分和複雜性。而這些東西，只有當我們在語言於日常使用它的實踐中發揮功用去觀察它時才能被揭示出來。

實指定義

維根斯坦再次撿起早先那個奧古斯丁式主題：學習語言，本質上就是學習把名稱賦予對象。我們前面所進行的這種研究已漸漸促使我們不再把命名看作發生在說話者心靈中的精神行爲，而是從語言遊戲中所用到的一種語言技法的角度看待命名活動：「再說一遍——命名就彷彿是給一樣東西貼上標籤。可以說，這是爲使用一個詞做準備。可是，它是什麼東西的準備呢？」（《哲學研究》§26）這一問題顯然更爲切近地觸及了使用一個名稱並將之應用於一個語言遊戲那種特定的語言技法，也觸及了這一技法的應用與最初的命名行爲（或者，給一樣東西貼上標籤）之間的關係。

在接下來的討論中，維根斯坦不僅想要表明我們關於命名的圖象是過於簡單化了，而且想要表明我們把它看作本質上的理智或精神活動是錯誤的。

在《哲學研究》§27中，維根斯坦寫道：「『我們給事物命名，然後我們便可以談論它們：可以在談論中指稱它們。』」這句話表達了我們的這種傾向，即用非常簡單的、毫不含糊的術語去設想命名活動。這再簡單不過了：我們就這麼給事物命名，然後便可以用這個名稱去談論它們。使用這一名稱要有一種技法，這種技法所起的作用，被認爲是由簡單的指物與稱名行爲清楚地表現出來的。可是，這一名稱的作用、使用它所需的技法，是在命名活動中被給予的嗎？假如我們想通過指著一個適當的對象並說出名稱，來定義「張三」、「三」、「桌子」、「紅的」、「正方形」之類的詞，那麼，所謂「接下來談論」這些事物——亦即使用這一名稱的技法——在每一種情形下顯然會是大爲不同的。在一種情形下，這一名稱只被用於指代一個特定的對象；在另一種情形下，它可和任何一類對象聯繫起來使用，只要它屬於一個有特定數目成員的組群；在一種情形下，它被同某類對象聯繫起來使用；在另一種情形下，它又與某個對象可被不同種類對象共同擁有的一種性質的聯繫中被使用……等等。那麼，最初那個實指地定義一個名稱的活動，如何同這些極爲不同的語言技法關聯起來呢？在把命名比作給事物貼標籤時，我們是在集中關注一種核心情形——即給人或事物命名的情形——卻忽略了我們語言遊戲固有的複雜性；只有在將注意力轉向使用中的語言時，我們才開始意識到最初形成的圖象過於簡單了，這會引人誤解。

維根斯坦並不否認我們可以實指地定義「一個專名、一種顏色的名稱、一種材料的名稱、一個數字、羅盤上的一個點的名稱……等」（《哲學研究》§28），可是，一旦給定每一情形中所涉及的語言技法之間的明顯差別——所謂的應用——便會出現這樣一個問題：實指定義（表現爲：在所有情形中指物並說出一個詞）同使用被定義詞的技法如何關聯？維根斯坦並不是想表明實指定義在哪一點上出了毛病——「那就是『2』」——指著兩個堅果——這一關於數字2的定義是完全準確的」（《哲學研究》§28）——但是，他要求我們更仔細地察看在以此種方式定義數字2時實際涉及的是什麼，並以此爲手段，去對抗我們形成關於命名的錯誤或過於簡單化圖象的傾向：

> 可是，怎麼可以這麼來定義「2」呢？我們為其提供了這個定義的那個人並不知道我們要稱之為「2」的是什麼東西；他會以為「2」是賦予這組堅果的名稱！——他會這麼以為，但他或許也會不這麼以為。他也會犯相反的錯誤；在我想賦予這組堅果以名稱的時候，他會把它理解為一個數字。他同樣還會把我以實指定義的方式賦予某個人的名字當成一種顏色的名稱，一個種族的名稱，甚至羅盤上的一個點的名稱。
>
> （《哲學研究》§28）

指物並說出一個詞的行爲，讓使用這個詞的技法處於未定狀態。接下去談論被命名事物的技法多不勝數，而進行實指定義的行爲，則使得究竟要涉及這些語言遊戲中的哪一個這件事處於未定狀態。「那就是說：一個實指定義在每一情形下均可做不同的解釋。」（《哲學研究》§28）我們這裡可以這樣提出反駁：我們可以透過說（比如）「這個數叫『2』」、「這種顏色叫『深褐色』」等等，來澄清我們正實指地定義的這個詞的作用。「數」和「顏色」這樣的詞可用來表明「我們在語言中、在語法中，給這個詞指派什麼樣的位置」（《哲學研究》§29）；也就是說，這種位置讓我們正定義的這個詞的作用清晰了：它被用做一個數的名稱，或者一種顏色的名稱……等等。然而，這並不能解決，我們一開始碰到的那個有關命名行爲與我們接下來將該詞應用於其中的語言遊戲之間相關聯的問題。因爲我們當下的反應有賴於我們業已掌握了別的語言技法，而這裡又會出現同樣的問題：這些詞的定義如何同對它們的應用相關聯？我們如何定義這些詞的？這些定義難道不可以做不同的解釋嗎？

這一點慢慢變得清楚起來：我們對教某人某物的名稱究竟是怎麼回事，沒有非常清晰的概念。下述兩個事實只能讓整個過程看起來要簡單得多：其一是實指定義通常會成功地定義一個詞；其二是一旦出現誤解，總可以通過使用一個讓被定義詞的作用明白起來的詞去消除它們。可是，我們如何知道一個實指定義是不是成功了呢？我們如何知道，指著兩個堅果說「這就叫『2』」，是不是就夠了呢，或者，我們需不需要說「這個數叫『2』」呢？維根斯坦指出，這「有賴於缺了它，對方會不會以不同於我所希望的方式對待這個定義。而這會有賴於它被給出時的境況，以及我把它提供給了誰」（《哲學研究》§29）。但是，我如何知道某人是否「像我希望的那樣」對待一個定義呢？維根斯坦接著寫道：「而他如何『對待』這個定義，是在他對被定義詞的使用中被看出來的。」（《哲學研究》§29）能表明這名學童如何對待這一定義的，並不是他聽到這一定義時發生了什麼，而是隨後發生了什麼——亦即他接下來怎麼使用被定義的這個詞。某人如何表達一個定義的意義，或者，如何理解這個定義，這並不關乎他給出或聽到它時在他心靈中發生了什麼，而是由這一定義動作嵌入其更廣闊語言實踐之結構的方式所確定下來的。

然而，下述問題依然懸而未決，某人要理解一個定義，得有什麼前提條件？假定我們接受這樣的說法：當「一個詞在語言中的總體作用是清楚的時候」（《哲學研究》§30），一個實指定義就可成功地表明該詞的用法。這裡仍存在這樣的問題：一個詞的作用「是清楚的」到底指的是什麼？我們依然弄不明白，知道一個詞的作用是什麼意思，「我們要能詢問一物的名稱，就得先已知道（或能夠做）某件事情。可是，我們得知道的是什麼呢？」（《哲學研究》§30）。爲幫助我們回答這個問題，維根斯坦做了這樣的考察：當「這個是王」這樣一個定義，在同學學下棋活動而聯繫被給出時，是什麼東西會讓某人理解這個定義，他舉出了兩種類型的事例，在這裡，爲理解這一定義所必需的背景都有了。在第一種情形下，這項遊戲的規則和目的均已給某個學棋者解釋一過，或許還藉助了示意圖。他掌握了這些規則，現在要教他哪一種棋子是王，或扮演王的角色。在第二種情形下，某人只是通過觀戰和操練學會了下棋規則，而從未直接學過這套規則。假如現在給他一套形狀怪異的棋子，他也能理解「這個是王」這個定義，在這兩種情形下，這個實指定義之所以成功，是因爲這名學童實際掌握了下棋規則，從而「王」在下棋遊戲的整個實踐中的「位置」也已經被掌握或理解了。

這顯然是就實指定義語詞的情形所做的一個類比。「在這裡，這枚棋子的各種形狀對應於一個詞的發音或詞形。」（《哲學研究》§31）換言之，正是在一個人已經掌握了使用那些構成我們語言遊戲之技法的實踐之時，他才能理解一個實指定義，或者說，他才能詢問某物的名稱。「這是什麼顏色？」「11後面的數是什麼？」「那是誰？」等諸如此類的問題，均分別假定我們掌握了命名顏色的技法、數數的技法和給人取專名的技法。要理解「這個（顏色）叫『紅色』」，「這個（數）叫『2』」，或者「這個（人）是路德維希．維根斯坦」，同樣得假定我們實際掌握了這些技法。我們若實際掌握了這些語言技法，便可來到一個陌生的國度，並藉助實指定義學習當地人的語言。我們可以運用對我們自身語言的這種實際把握去理解，或者偶爾猜測，當地人實指地定義的那些詞的意義。這些猜測時對時錯，而能表明這一點的是，我們接下來能否根據這些被定義詞在當地人語言遊戲中的作用，去實際地使用它們。

維根斯坦表明，奧古斯丁描述孩子學習第一門語言的過程時，彷彿把他當成了一名進入異邦的外來人。他尚未能理解異邦居民的語言，但他卻已掌握了構成實際使用語言之能力的語言技法：「彷彿他已經有了一種語言，只不過不是這一種。或者說，彷彿孩子已經思考，只是還不會說話。而『思考』的意思類似於『跟自己交談』。」（《哲學研究》§32）因此，無論從什麼意義上斷言，奧古斯丁提供的關於語言習得的解釋以某種方式解釋了我們是如何學會語言的，都將被表明是虛幻一場。因爲這幅圖象實際已預先假定下了它要解釋的東西：它假定孩子掌握了一些提供了必要背景的技法，使他得以理解，大人在指物並發出聲音時表達的是什麼意思。奧古斯丁提供的這幅關於語言習得的圖象之所以吸引我們，只是因爲使用語言所需的那些實際技能（practical skills）太司空見慣了，我們在做一般解釋時，就理所當然地把它們假定下來了。我們沒有看清的是，正是我們在解釋時視爲當然的這些技能，才眞正需要仔仔細細的描述；我們得以理解語言如何起作用，不是藉助於某個關於語言習得的思辨模型，而是通過注意一名說話者掌握使用語言的實際能力究竟是怎麼回事。

假定有人在這裡提出反對意見說，孩子勿需掌握語言技法以理解實指定義，只是需要猜測給出定義的人正指著的是什麼。假如孩子猜對了給出定義的人所指的東西，這便可以確定：「繼續下去並談論」該名稱所標明的事物是怎麼回事；也就是說，這將確定下來該名稱在語言遊戲中的作用。然而，維根斯坦卻試圖表明，我們被引誘去這麼說，只是因爲我們對於指著某物究竟是怎麼回事，有一幅過於簡單的圖象。例如，我們看不清楚的是，在指著一個對象、指著其形狀、指著其顏色等之間的區分有多麼複雜。維根斯坦問道：「『指著形狀』，『指著顏色』在於什麼呢？指著一張紙——現在指著它的形狀——現在指著它的顏色——現在指著的數（這聽起來怪怪的）——你是怎樣做到的？」（《哲學研究》§33）我們這裡也會像以前一樣，被引誘通過訴諸我們指物時心靈中發生的事情，來回答這一問題；我們很自然地想到，正是伴隨著指著那張紙的行爲的某種東西，決定了我到底是在指著它的形狀，它的顏色，還是它的數……等等：「你會說，你每次指物的時候，都『意指』一個不同的東西。而假如我問是怎麼做到的，你會說你把注意力集中在顏色、形狀等上了。」（《哲學研究》§33）我們這裡提供了一幅令我們自己滿意的圖象，它似乎也回答了維根斯坦提出的問題，但他接著寫道：「可我又要問：那是怎樣做到的？」（《哲學研究》§33）我如何把注意力集中在顏色而不是形狀上？

維根斯坦並不否認，確實有把注意力集中在顏色而不是形狀上這麼回事，例如：某人也許會指著一個花瓶並且說：「『看這美妙的藍色——別管那形狀。』」（《哲學研究》§33）同樣，某人會說：「『看這奇妙的形狀——別管那顏色。』」（《哲學研究》§33）我們無疑會對這些指令做出不同的反應。然而，我們在每一情形下所做的就是集中注意（或者說，指著或意指）顏色而不是形狀嗎？維根斯坦要求我們設想我們注意對象的顏色之各種不同情形：

> 比較兩個藍色的斑塊，看看它們是否相同。

讓某人注意這樣的事實：天空正顯出一塊塊藍色。
讓某人把那本藍皮書從桌子上給你拿過來。
告訴某人藍色信號燈表達什麼意思。
詢問某種色度的藍色叫什麼。
看兩種色度的藍色在某一特定背景下的效果。

（《哲學研究》§33）

在所有這些情形中，我們都在做某種可正當地稱之爲注意顏色的事情，但我們所做的，在每一種情形下會是不同的。在一種情形下，我們或許會伸出手去遮住對象的輪廓，或者我們只是朝著被指引的方向看過去，或者我們會拿起一個色塊同另一個比照，或著我們會盯著一塊顏色並琢磨在哪裡見過，或者我們只是在那裡自言自語……等等。我們在注意顏色的時候，上述這些事情都可能發生，而維根斯坦卻指出：「並非這些事情本身促使我們說某人在注意形狀、注意顏色等等。」（《哲學研究》§33）可是，促使我們這樣說的，到底是什麼呢？

維根斯坦就在這一當口上引入了象棋類比。我們走一步棋，不單是在棋盤上如此這般地挪動一枚棋子。我們走一步棋，也不只是因爲我們挪棋子時有某些想法和感覺。確切地說，在棋盤上挪棋子，之所以算是一步棋，全在於「我們稱作『下一盤棋』，『下棋時使出一個招數』之類的那樣一些情境」（《哲學研究》§33）。維根斯坦在這裡再次把我們的注意力從伴隨著走棋的東西，引向這一行爲所處的背景或情境；構成我的一步棋的，乃是之前和之後發生的事情，而不是伴隨著我的行爲的東西。依此類推，構成我去注意（指著，意指）顏色而非形狀的，乃是之前和之後發生的事情，而不是我在注意對象的顏色時所發生的事情。

假定某人在指著一對象的形狀時，總是做著並且感覺到同樣的事情。「再假定（他）指著一個圓的東西並且具有所有這些經驗，給另一個人提供實指定義『那就叫「圓」』。」（《哲學研究》§34）再假定他爲其提供定義的那個人，看清了他的動作並與他有同樣的感覺。那麼，由此能否推出，他如其所是地理解了這個定義呢？難道我們不可以設想，所有這些都是眞實的，他卻仍然以不同的方式解釋這一定義，「即便他看見對方的眼睛瞄著對象的輪廓，即便他感覺到了對方所感覺到的東西」（《哲學研究》§34）。因爲，聽到這一定義的人如何解釋它，是曲他對它的應用展現出來的，是由他接著在其中使用被定義詞的語言遊戲展現出來的，而不是由伴隨著他聽見該定義的那些感覺或經驗展現出來的。聽者如何解釋這一定義，是由他被要求（例如）去「指著一個圓」時接下來要做的事情所展現出來的；正是他賦予該詞的作用，展現了他是如何解釋或理解它的：

> 因為，無論是「以如此這般的方式意指該定義」這一表達式，還是「以如此這般的方式解釋該定義」這一表達式，均不代表一個伴隨著該定義的給出和聽悉的過程。
>
> （《哲學研究》§34）

與指著形狀或顏色相關聯的特定經驗自然是有的，但這些經驗並不出現於我意指形狀或顏色的所有情形。況且，即便這些特定的經驗確實出現於所有情形中，它們仍不是證明某件事情就是指著形狀或顏色的東西，而是情境或背景——例如，我們正在做幾何題，或者我們正在學繪畫中的色彩運用，或者我們正在學習如何把積木塊正確地擺放進不同形狀的孔中，以及諸如此類的事實——決定了某人是在指著形狀，還是在指著顏色。我們是這樣學會像「指著一把椅子」、「指著一張桌子」之類的語言遊戲的：通過以一種特定的方式做出行爲，學會對這些命令做出反應。可是，我們是如何學會指著對象的形狀或顏色的呢？我們是讓孩子去注意他在指物時所具有的經驗和感覺嗎？如果我們傾向於認爲，確實是這樣做的，那麼我們就該問自己，我們是否讓孩子去注意關於「指著一盤棋中的一枚棋子來當做一盤棋中的一枚棋子」的獨特經驗？儘管如此，我們依然可以說「我的意思是，這枚棋子叫『王』，而不是我正指著的這塊特定的木頭。」（《哲學研究》§35）僅當把這種指物行爲放在它的背景中進行察看時，我們才能擺脫這種混亂狀態。這樣我們便可看清，一個特定的指物行爲被確定下來，不是憑據伴隨著它的東西，而是憑據環繞著它的東西，憑據它作爲其中一部分的那種活動的形式。

我們企圖在隱藏於說話者心靈中的某種內在差異中尋求這些不同的指物行爲之間的差異，維根斯坦對這樣一種誘惑，做了如下診斷：

> 我們這裡所做的，也是我們在大量類似情形中所做的：由於我們無法具體指明，我們稱之為指著形狀（相對於「譬如」指著顏色）的任何一種軀體活動，於是我們便說，某種精神性的（心靈的、理智的）活動對應著這些詞。在我們的語言讓我們認為有、

事實上卻並沒有一個身體的地方，我們就會樂意說，有一個精神存在。

（《哲學研究》§36）

我們往往無法指明，在公共行爲世界中，是什麼東西將指著形狀和指著顏色這兩種不同的行爲區分開。此時，我們自然便會形成一幅關於伴隨著行爲並使之成爲此一行爲或彼一行爲的某種內在東西的圖象。當這種差異並不存在於物理軀體的作爲中時，它就必定存在於內在的或精神的「軀體」的作爲中，亦即存在於一種內在機制的狀態中。維根斯坦一直試圖向我們表明的是：一方面，對於我們的語言遊戲所表現出的每一種不同的可能性（指著形狀，指著顏色，指著作爲一盤棋中的一枚棋子的一盤棋中的一枚棋子，指著作爲一名官員的一名官員，指著作爲一種汽車型號的一種汽車型號等等）來說，並不存在任何對應於這種關於不同內心狀態的圖象的東西。另一方面，即便假定我們可以爲每一種可能性找到特定的精神伴隨物，這些東西也無法爲我們感興趣的那些區分提供依據。因此，爲了反抗爲這些區分假定下某種內在依據的誘惑，維根斯坦便著力關注當我們把指物的物理行爲放在環繞著它的行爲域中看待時便可揭示出的那種結構。當我們把指物的物理行爲放在其背景中察看時，這一行爲中原本缺失的那些結構區分便清晰地呈現出來了；這一行爲連同整個的行爲背景，業已擁有了我們爲區分指著形狀和指著顏色所需的全部結構。關於伴隨著這些行爲的某種內在東西的圖象，被證明是空洞而多餘的。一經提醒自己注意我們實際是如何使用「指著形狀」、「指著顏色」等表達式的，我們便可揭示出這種現象的眞實本性：這種區分的本質，在於某種可在說話者此前及隨後的所作所爲中區辨出的結構，而不在於伴隨他的指物行為所發生的任何事情。

一切都已明擺在眼前

至此，維根斯坦探討了各式各樣的事例，藉以批判奧古斯丁的語言圖象。顯然，這種批判不只是停留在對奧古斯丁的特定主張的簡單質疑上，而是要深入得多。確切地說，它觸及奧古斯丁採納的那種思考語言的整體風格。所爭論的根本問題是，我們如何去處理關於理解語言的結構及功能的問題。奧古斯丁把語言看作一個記號系統，其表象能力，需以一種告訴我們意義在於什麼的理論加以闡明。不只是說維根斯坦認為奧古斯丁的理論在細節上是錯誤的，而且是說奧古斯丁一開始將語言從其應用中抽象出來的做法，便讓他無法獲取他所尋求的那種理解。在把語言作為從其日常用法中抽象出來的記號系統進行思考時，奧古斯丁避開「時空中的語言現象」（《哲學研究》§108），轉向了一種抽象的幻景。由於脫離了語言實踐，奧古斯丁注定看不到語言實際起作用的方式，從而被引誘去把語言的表象能力描畫為「心靈的某種非凡動作」（《哲學研究》§38）。我們就這樣被引誘去到心靈世界中，或者伴隨著語詞實際使用的東西中尋求關於理解、意義及意指一物而非另一物等現象的解釋。維根斯坦舉出一些特殊的事例，以反抗將語言從我們的生活形式中剝離出來，並將其關聯於說話者心靈中發生事情的誘惑，但並不是想以它們為基礎另行解釋意義（或命名，或理解）是什麼。無寧說，這些例子一方面是用於表明我們所構建的語言圖象如何是錯誤的，另一方面是用於表明語言概念及對語言的把握的概念並非是要參照語詞用法的隱匿伴隨物加以解釋的，而是同關於某種獨特的行爲模式或生活形式的觀念密切關聯著的。

維根斯坦的目標是：抵制奧古斯丁的探究方式所做的那種錯誤抽象行爲，以及它所懷抱的那些錯誤的解釋渴望，而要達到這一目標，我們絕不可妄圖把他對奧古斯丁的反駁弄成一種關於語言之本質的理論。任何一種企圖從維根斯坦的評論中引申出理論闡明的做法，都顯然有悖於如下這個核心觀念：他所描述的那些特殊情形的價值就在於，它們能促使我們相信「一切都明擺在眼前」（《哲學研究》§126），同時又能讓我們不再感到有某種需加以解釋的東西。通過關注使用中的語言的特殊事例的細節，我們便可看清，正是通過以正確的方式看待存在於表面的東西，我們才得以理解困擾著我們的問題。維根斯坦反對奧古斯丁探究語言的方式，其整個意圖就在於援用特殊事例以表明，完全沒有必要通過沉思語言用法的隱匿伴隨物去理解語言是如何發揮功用的；我們只需察看並弄清它是如何發揮功用的。所以，在我們已涉及的所有論題上，維根斯坦均表明：正是通過取得關於某個或某一系列具體事例的明白運作過程的清晰觀點，我們才得以達到所尋求的理解。爲達到既克服某些特殊的學說，又克服奧古斯丁的整體思想風格的目標，維根斯坦試圖表明，我們語言實踐的可辨識結構，如何業已揭示出了我們爲消除困擾我們的問題所需的一切。這既可以解釋他爲什麼採取零星批判的方式，又可以解釋他爲什麼一再拒絕以他的例子和類比爲基礎去構造某種一般理論。他所承擔的個案研究留給我們的教益在於，我們由此看清了：我們語言的某個片斷的結構和功用，是在具體語言用法現象的細節中而不是在任何隱匿於說話者心靈裡的東西中被揭示出來的。在下一章中，我們將會看到，同樣這種把定位中心由解釋模型或闡明轉向對明擺在眼前東西的關注之深層主題，是如何在維特根斯關於規則和遵守規則的討論中延續下去的。

第三章　規則與遵守規則：《哲學研究》§138—242

導言

我們在上一章涉及「實指定義」的那一節中，著手考察了名稱同其應用的關聯問題。維根斯坦在詳細批判了《邏輯哲學論》中關於名稱及含義的確定性觀點（《哲學研究》§37—88），並就自己的哲學方法發表見解（《哲學研究》§89—133）之後，又重新撿起了這一問題。在《哲學研究》§138中，維根斯坦向我們提出了這樣的問題：一個詞的意義（亦即，在理解了它，或者聽到它並理解它時，所把握住的東西）在何種意義上，可「適合於」說話者隨後對該詞的使用？我們有時談及某個詞的「於剎那間」被把握住的意義，或者談及當我們聽到一個詞時對它的理解。這自然會引導我們去將意義描畫爲某種可由心靈瞬間把握住的東西。相反，說話者對一個詞的使用，則是某種在時間中延展的東西，某種發生在他聽到並理解了這個詞之後的東西。然而，就像我們前面看到的，一個人接下去如何使用一個詞，依然是他用該詞意指什麼的一個標準；例如，它揭示出，此人用他實指地定義的一個詞所意指的，到底是他指著的那個對象的形狀、顏色、數，還是別的什麼。這一標準如何同把意義當作某種可瞬間或剎那間把握住的東西的觀念聯繫起來？因爲「我們（剎那間）把握住的東西肯定不同於在時間中延展的『用法』！」（《哲學研究》§138）。

這一問題標誌著圍繞意義、規則和理解這些論題展開的討論開始，這種討論幾乎毫無間斷地持續到《哲學研究》§242。這裡的討論跟《哲學研究》中的其他討論一樣，既錯綜複雜又難以把握，而且，有這麼一種強烈的誘惑促使我們假定，維根斯坦的評論未能足夠清晰地表達出他關於這些論題的思想，只給我們提供了大致的概要，需將它們系統地整理成清晰表述的論點及支持這些論點的論證。克里普克在《維根斯坦論規則及私人語言》（一九八二年）一書中，就企圖對《哲學研究》的這些章節進行改寫。克里普克的著作對維根斯坦的晦澀評論做了富於啓發意義的解讀，這種解讀，既有力又清晰，至今仍不失為一條研究維根斯坦文本的獨特途徑。克里普克本人也拿不準，他的那些大膽而清晰的論證和主張，是否會得到維根斯坦本人的贊同，以及這些論證和主張會不會從某種意義上否證維根斯坦的哲學目的。所以，他並不把他的著作當成對維根斯坦論證的解說，而是當成對「打動了克里普克，向他提出了一個難題的維根斯坦論證」（《維根斯坦論規則及私人語言》，克里普克，第五頁）的解說。

克里普克的著作顯得有力而重要，其部分原因在於這樣的事實：他在維根斯坦關於意義、規則和理解的評論中，覺察到了某種至為根本的東西。他認為，維根斯坦向關於我們抱有最大希望的這些論題的某些指導性觀念發起了根本的挑戰。克里普克以一種清晰而咄咄逼人的方式把他設想的這種挑戰表達出來，從而幫助確立了維根斯坦文本對於當代語言哲學的重要性。他把這種挑戰描述為「一種新型的懷疑主義」（同前書，第六〇頁）。克里普克在維根斯坦關於意義、理解和規則的廣泛而難解的評論背後，察覺出了一種全新的懷疑主義論證形式。他認為，這一論證確立了這樣的結論：無論是在我的心靈內，還是在我的外化行為中，均不存在任何的事實，作為我以我說出的詞意指某種東西這件事的本質，或者作為確定什麼算是我所掌握的一條規則的正確應用的東西。這一懷疑主義論證的結論——沒有誰可用他的語詞意指任何東西，或者說，沒有誰可以遵守一條確定什麼算作對它的正確或不正確應用的規則——顯然帶有深刻的悖謬性，任何人也不可能滿足於此。克里普克表明，維根斯坦對這一結論的回應是，對由它提出的關於意義和遵守規則的難題提出一個懷疑論的解答——亦即，一個接受這個懷疑主義結論爲眞的解答。

克里普克論維根斯坦及遵守規則

我們先來看一看，克里普克在維根斯坦那裡發現的懷疑主義論證。我們很自然會假定，在學習加法運算時，我是以如下方式掌握加法規則的：我接下去遵守這條規則的意向，會在無窮多的新情形中，爲隨後的加法題確定一個獨一無二的答案。尤其是，我們自然會假定，當我對「68 + 57 = ?」這道題給出「125」這個答案時，我是在按照加法規則同我先前使用「＋」的意向保持一致。我先前用「＋」意指加法的意向，確定「125」作爲正確的答案，作爲我應當給出的答案，即便我以前從未明白地考慮過這個特定的情形，即便我以前從未加過大於56的數。

現在的問題是，就我先前關於「＋」這個記號的意向而言，使之成爲根據加法規則使用這一記號的意向的東西究竟是什麼。換言之，是什麼東西促使我以「＋」意指加法？或者再換一種說法，就我先前的意向而言，是什麼樣一種東西排除了這種可能性，即我實際上想要以這樣一種方式使用「＋」，使得「68 + 57 = ?」的正確答案實際上是「5」，從而在給出「125」這個答案時，我實際上改變了我用「＋」意指的東西？畢竟，我們都同意，我從未明白地給自己任何關於這一特定的和的指令，而且也同意，這個和包含著比我先前所加過的數都要大的數。我最多是想以同樣的方式繼續使用「＋」，或者在每一新情形下應用同樣的函數，但問題是，這裡當作同樣的東西的是什麼。因爲懷疑論者會指出，我只是給自己舉出了有限數量的表示這一函數的例子，這些例子全只包含小於 57 的數，而且這一有限數量的例子是同我以「＋」意指任何有限數目的函數相一致的。沒有任何東西會排除如下這種可能性：我想用「加」和「＋」指謂一個克里普克稱之爲「quus」，並以「⊕」這個記號代表的函數，其定義如下：

如果 $x, y > 57$，則 $x \oplus y = x + y$，否則 $x \oplus y = 5$

假如懷疑論者是對的，則不存在任何關於我過去的意向或過去的演算的事實，來確定或構成我以「＋」意指一個函數而不是另一個。克里普克下一步想表明，在確立下來這些之後，懷疑論者的論證必定會變得更爲一般化。因爲，假如不存在關於我過去的意向或行爲的事實來決定我用「＋」意指哪個函數的話，那麼，同樣也不存在任何關於我當下的意向或行爲的事實來確定我現在用「＋」意指哪一個函數。因爲，最終出現的懷疑論難題是，我們無論現在還是過去都無法賦予以「＋」意指一個函數而不是另一個這一觀念以任何內容。意指一個函數而不是另一個——這樣一個概念，已被表明是沒有意義的。因此，沒有什麼東西表明我對「68 + 57 = ?」這道題應該給出的答案是「125」，而不是「5」，也沒有什麼東西表明我以這種方式而不是另一種方式給出答案是正當的。每一可能答案均和某個可能的函數相一致，因此，說任何一個答案是正確答案都完全是空洞無益的。

克里普克很快便破除了這樣的想法：我們可以這樣來擺脫懷疑論難題，即構造出這樣一種指令，它依據別的規則來指明加法規則如何應用到新的情形中去，例如，通過使用計數規則爲加法提出一種十選制算法。問題是，我在給自己提出關於加法規則的指令時，無論用到什麼樣的進一步規則，都永遠存在這樣的問題，即這進一步的規則本身如何加以應用。克里普克表明，總是存在著一種解釋附加規則的方式，這種方式會使其應用，同任何關於原有規則的可能解釋協調一致起來。用來解釋規則的規則，並不能把我們帶得更遠。這一問題也不僅限於數學的情形。對於我的語言中的任何一個詞，我們都可以就我用它意指什麼提出一些可供選擇的解釋來，這些解釋既同我過去對它的使用，又同我會給自己的任何明白指令協調一致。克里普克把懷疑主義論證總結如下：

> 這便是懷疑主義悖論。當我以一種方式而不是另一種方式，對像「68＋57」這樣一個問題作答時，我無法表明一種回答是正當的而另一種是不正當的。由於我們無法回答假定我意指的是quus的懷疑論者，所以就不存在任何有關我的事實，可用於區分開我意指之「plus」和我之意指「quus」。實際上，並不存在任何有關我的事實，可用於區分開我以「plus」意指一個確度的函數（這決定著我在新情形下的回答）和我什麼東西也不意指。
>
> （《維根斯坦論規則及私人語言》，克里普克，第二一頁）

克里普克認爲維根斯坦提出了一條擺脫這一悖論的途徑，並稱之爲一種「懷疑論的解答」。他如此稱呼它，表示他相信，維根斯坦關於遵守規則的解釋，一開始就對懷疑論者做出了這樣的讓步：不存在任何有關我的事實，構成我之用「plus」意指加法的本質，並事先決定我應當做什麼，以同這種意義保持一致。克里普克表明，由此似乎會引出的那一不可容忍的悖論之所以會出現，僅僅是因爲我們錯誤地堅持以關於意義的某種眞值條件構想的模型來理解「我用『＋』意指加法」的意義，而這種構想假定，一個句子的意義是由一種指明要使其爲眞，必定會發生什麼事實的條件所賦予的。因爲，如果我們假定一個句子的意義是由其眞值條件賦予的，那麼便可從懷疑論者的發現中推知，不存在任何有關我的事實，將我用一個詞意指某種特定的東西同我什麼也不意指區分開來，以及任何具備「A用『一』意指……」形式的句子，往最好的說是假的，往最壞的說就是無意義的。按克里普克的說法，維根斯坦的主張是，在接受懷疑論者的悖論——即不存在任何構成我之用一個詞意指某物的內在或外在事實——的同時，只要採納一種關於意義的可斷定性條件模型——它假定，一個句子的意義是由它在其下可被斷定的那些條件賦予的——我們便可避免這一悖論。

這樣，克里普克便認爲，維根斯坦對懷疑主義悖論的回應表明他從一種關於意義的眞值條件解釋（就如他在《邏輯哲學論》中所主張的）轉向了一種基於可斷定性條件的關於意義的解釋。克里普克聲稱，維根斯坦在《哲學研究》中主張句子的意義有兩個方面。首先，必定存在著該句子在其下被適當斷定（或否定）的條件；其次，斷定（和否定）該句子的這種實踐，必定在我們的日常生活中發揮著重要作用。這一解釋的第一部分，是我們所熟悉的，這從（例如）由邏輯實證主義者提出的關於意義的證實主義解釋中就可看出來。克里普克認爲，這一解釋的第二部分——即對斷定這個句子在我們生活中所發揮作用的強調——才是維根斯坦與衆不同的原創。根據這種解釋，爲賦予具備「我用『+』意指加法」、「瓊斯用『+』意指加法」等形式的斷定以意義，所需要的是：「存在著可大致列舉的一些情境，在這些情境下，它們是合法地可斷定的，以及在這些條件下對它們做出斷定的語言遊戲在我們的生活中發揮著某種作用。」（《維根斯坦論規則及私人語言》，克里普克，第七八頁）根據這種解釋，只要「勿需假定『事實對應於』這些斷定」（同前書，第七八頁），則由懷疑論者的發現所引出的那些悖謬的、自相矛盾的結論就可以避免了。

克里普克在《哲學研究》中發現的這種關於我們語言遊戲的解釋，包含著存在於意義的第一人稱歸屬與第二人稱歸屬之間的某種不對稱性。在克里普克看來，維根斯坦認爲，如下這種情況乃是我們語言遊戲的一部分：一名說話者可不經任何辯護地順從他個人的偏好，以一種而不是另一種方式對每一個應用某個詞的用法規則的新情形做出反應。如果我們僅限於孤立地觀察某一個人，那麼懷疑主義論證留給我們教益就是：可說的就只有這些了。不存在有關被孤立地考慮的個體的任何事實，使得他就這條規則如何被應用於每一新情形所做出的盲目反應，成爲正確的或不正確的。「如果我們孤立地考慮某一個人，那麼，我們所能說的只是，我們的日常實踐容許他以這條規則打動他的那種方式去應用它。」（同前書，第八八頁）

只有當我們把個體放在同更大的說話者共同體的聯繫中加以考慮的時候，作爲我們關於意義或遵守規則的日常概念的一個本質部分的規範性因素——亦即，在一個詞的正確與不正確使用之間的區分，或者在一條規則的正確應用與不正確應用之間的區分——才加入進來。我斷定另一名說話者以「+」意指加法所需的可斷定性條件，有賴於對方對特定加法題的回答是否與我傾向給出的回答相一致，或者有賴於我們的回答是否偶爾不一致，及有賴於我是否可以把對方解釋爲至少是遵循著正當程序的。在對方的回答與我的回答出現莫名其妙的不一致的情形下，我會否認他掌握了加法規則，或者否認他是在用「+」意指加法。假如單個說話者的回答總體上不一致，克里普克也同意，把意義歸屬於他人的這樣一種實踐是沒有什麼意思的。然而，無情的事實是，在回答新的加法題時，人們（大致）是彼此協調一致的，而在回答方面符合一致於這樣一個背景，則賦予意義給我們的語言遊戲。任何一名個體說話者，只要他對特定的加法題的回答，在足夠多的情形中，和更大共同體成員的答案符合一致，那麼他就被視作業已掌握加法概念，或者被視作是用「+」意指加法。通過了這種檢測的個體，會被視爲該共同體的成員，並有資格參與無以計數的日常活動，這些活動就包含著這種數學技法的應用。

克里普克十分小心地強調指出，他於維根斯坦那裡找到的、關於我們語言遊戲的解釋不能被理解爲給出了關於正確遵守規則在於什麼的定義。他寫道：

> 維根斯坦的理論是關於可斷定性條件的，這一點值得強調。維根斯坦的理論，不應被混同於如下這種理論：對於任何m和n而言，我們以「plus」意指的這種函數的值，（根據定義）乃是（幾乎）所有語言共同體都會作為一個答案給出的那個值。這樣一種理論，會是關於如下這些斷定的真值條件的理論：「我們用『plus』意指如此這般

的一個函數」，或者，「我們用『plus』意指一個函數，當把 68 和 57 作為自變量代入其中時，便會得到 125 這個值」。

（《維根斯坦論規則及私人語言》，克里普克，第一一一頁）

克里普克認爲維根斯坦接受了懷疑主義悖論，但這一主張的關鍵之點在於，我們不能說，他提供了一種關於說某一特定的回答是正確的是怎麼回事的解釋。維根斯坦到底被當成是在描述我們的語言遊戲及其在我們生活中所發揮的作用，還是被當成是承認我們玩這種遊戲的意義，這有賴於答案的普遍一致性這樣一個無情的、偶然的事實。我們所能說的只是，在我們的共同體中，我們稱「125」爲「68 + 57 = ?」的正確答案；說它就是正確的答案，這已被表明是空洞不實的。

克里普克對維根斯坦關於遵守規則的評論的解釋，引來了廣泛的批評。如下這些論題均被熱烈地爭論著：在維根斯坦的評論中，是否可以找到一種懷疑主義論證？如果有的話，它是否是針對意義這個概念，而不是針對某種關於意義的哲學理論的（例如，針對這樣一種有時被稱作柏拉圖主義的觀點：意義乃是決定或表明一個詞如何被應用的抽象實體）？維根斯坦是否對這種悖論提出了一種懷疑主義解答？以及，他所提出的關於意義和遵守規則的解釋，是否有賴於同語言使用者共同體符合一致這一觀念？許多評論者一致認爲，克里普克歸於維根斯坦的那種對悖論的懷疑主義解答，作爲對「意義」或「遵守一條規則」這些概念的解釋，本身就是完全不令人滿意的。不過，對克里普克的這些批評大都表現出了和他一樣的總體感覺，即我們必須在維根斯坦的零散而不系統的評論背後，找尋一種關於意義或遵守規則是怎麼回事的統一畫齊的解釋。於是，把《哲學研究》§138—242 解讀爲提供了一種關於意義和遵守規則的理論的這樣一種誘惑，爲隨著克里普克關於這些段落的解釋而來的許多結論提供了一個框架。

然而，有些評論者則以一種更徹底的方式反對克里普克。他們提出了這樣的質疑：克里普克沒有正當理由把維根斯坦的涉及甚廣的評論，轉化成多少帶有系統性的關於意義或者（按克里普克的解釋）對意義的談論如何可能的解釋。例如，約翰·麥克道爾就注意到了存在於這種解釋風格與維根斯坦公開宣稱的哲學目標之間的張力：

> 如果我們認爲，維根斯坦通過訴求於被當成是可用不預先假定意義和理解的術語加以描述的人類互動，提出了關於意義和理解如何可能的建構性哲學解釋，那麼我們就是在公然違背他的這樣一種明確觀點：哲學不包含任何學說、任何實質性的主張。（〈維根斯坦論遵守一條規則〉，麥克道爾，第五十一頁）

戈爾登·巴克同樣意識到，我們需把維根斯坦的評論理解爲，通過做某種事情而不是通過提供一種關於意義和遵守規則的理論去消除圍繞意義、規則和理解這樣一些概念而生的哲學謎團：

> 維根斯坦認為，（他的）所有觀察都是對我們解釋和使用「一條規則」和「遵守一條規則」這些表達式的實踐、為人熟知方面的無可置疑的描述。它們加在一起是要為何謂遵守規則提供一個綜觀。這一嘗試要是成功了，就是一項和任何一種關於遵守規則

的理論構建一樣確實的成就。通過破除以為任何東西都需要理論解釋的幻覺，它預先搶占了由任何可能的關於遵守規則的理論占據的地盤。

（《維根斯坦：規則、語法及必然性》，巴克，第五七至五八頁）

本章接下來對《哲學研究》§138—242 的闡釋，有很大程度上是同情於上述這種對克里普克更徹底拒斥的主張的。儘管克里普克的闡釋提供了一種對維根斯坦文本的富有啓發性的解讀，但我相信，他的如下直覺或多或少是正確的：即他對某種懷疑主義論證的清晰表述以及對關於遵守規則概念的某種哲學分析的構建，在某種意義上是和維根斯坦的哲學目標相衝突的。在將維根斯坦的評論轉化爲關於某個明確的哲學問題及其解答的清晰表述時，克里普克必然會清除掉一種語法研究的觀念的所有痕跡，而我前面已經表明，這種觀念乃是如何解讀維根斯坦作品的關鍵所在。由於忽略了維根斯坦關於其哲學方法的技法及目標的構想，並將一種異質結構強加於維根斯坦的評論，克里普克未能觸及維根斯坦對關於語言、規則、意義及理解的根本性哲學偏見的回應的眞實本性。

意義與用法的關聯

按克里普克的解釋，維根斯坦對遵守規則的研究，始於一個同我們的日常語言經驗相對立的哲學論證。在他看來，維根斯坦在面對著由他自己設計的懷疑主義論證時，通過表明儘管懷疑論者的發現爲眞我們的實踐仍可以存在來尋求保護我們的日常實踐不受這一論證的影響。他認爲，維根斯坦實現這一目標是通過採納一種帶著證實主義內核的意義理論，這一理論指導我們放棄對其值條件的無益追求，轉而尋求賦予意義的語句在其下被斷言的條件。這麼一來，克里普克便迫使維根斯坦以這種一般的意義理論爲基礎，提出一種關於我們實際以「我用『+』意指加法」、「瓊斯用『+』意指加法」等表達什麼意思的分析，以之表明我們事實上並沒有斷定懷疑論者所否定的任何東西。所以，維根斯坦的研究目標便是一種關於日常實踐的哲學解釋，這種解釋使我們得以看清，它是如何可能的，即便沒有任何東西構成我們的語詞的意義。克里普克不只是迫使維根斯坦提出了一種似乎否定了對於我們日常關於語言的構想至關重要的某種東西的解釋，他所構建的那個論證的結構，還從根本上同維根斯坦關於哲學方法以及他的哲學如何同日常實踐相關聯的構想相去甚遠。

我們再回到維根斯坦在《哲學研究》§138 中提出的那個問題：把握住一個詞的意義（聽到一個詞並理解它）的行爲，同隨後對它的使用之間有什麼關聯呢？我刹那間把握到的東西，怎麼和在時間中延展的用法聯繫起來呢？在我聽到一個詞並以這種方式理解它時，難道整個的用法，都於一瞬間出現在我的心靈中了？可是，一個詞的整個用法怎麼能出現在我的心靈之中呢？是說出現於我的心靈中的東西適合於某一特定用法嗎？這些問題從形式上，顯然類似於維根斯坦早先就許多論題提出的問題。例如，某人是如何說「板！」並意指「遞給我一塊板」的？某人是如何用「五塊板」表達一個報告，而非表達一個命令的？我們如何賦予某物一個名稱？我們怎麼教會某人使用一個名稱？我們是如何指著一個對象的形狀而非它的顏色的？……

等。所有這些問題都是用來抵禦這樣一種哲學傾向的，即是把我們語言起作用的方式的某個方面視爲當然，或者把它過分簡單化，或者把它加以歪曲。這些問題標誌著對包含於我們實踐這些方面的東西進行仔細考察的開始，這種考察通過關注單個具體情形的細節實現如下兩個目標：其一，把我們從錯誤表達中解放出來；其二，達到我們所尋求的某種理解。同樣，維根斯坦在《哲學研究》§138 中提出的那個問題，也標誌著一種語法研究的開端，這種研究是要抵制誤解理解與用法之間的關係的誘惑，並獲取關於「把握一個詞的意義」或者「聽到一個詞並理解了它」究竟是怎麼回事的清晰觀念。

維根斯坦是這樣開始對理解現象的研究的。他要求我們設想這樣一種特定的情形：當某人對我們說出「立方體」這個詞時我們聽到並理解它。他要我們想一想，當我以此種方式聽到並理解「正方體」一詞時我的心靈中實際出現了什麼。他指出，出現在我心靈中的或許是一幅正方體示意圖。現在的問題是，出現在我心靈中的這幅示意圖，如何同我接下去對「正方體」一詞的使用聯繫起來呢？對話者回答道：「這還不簡單！——如果這一圖象出現在我心靈中，而我卻指著（例如）一個三稜柱並且說它是一個立方體，那麼這種用法就不適合這幅圖象。」（《哲學研究》§139）維根斯坦回答說：「它難道不適合嗎？我有意選了這個例子，因爲很容易設想一種投影方法，使得這幅圖象確定是適合的。」（《哲學研究》§139）

按克里普克的解釋，我們應將此視作維根斯坦的懷疑主義論證的一個例證。不過，維根斯坦的評論所採取的形式，仍然與爲得到一般的懷疑主義結論而做的論證有著驚人的不同。例如，他指出，他「有意……選了這個例子」，以便我們可以輕易地設想一種對它做出投影的方式，這種方式不同於我們第一印象中的那一種。所以，這裡有這麼一種暗示，即無論他所感興趣的是哪一種誤解的誘惑，這種誘惑均可通過仔細察看這一特定的情形予以澄清。不過，從另一方面說，他並沒有暗示，他希望以這個例子爲基礎得出如下這種新奇而一般的主張：在我聽到並理解一個詞時，無論出現於我心靈中的是什麼東西，均可用不同的方法加以解釋。在這裡不涉及一般結論，因爲這個例子是以完全不同的方式被使用的。當我問自己有關在我心靈中出現的東西與我接下來對一個詞的使用之間關聯的問題時，就有一種巨大的誘惑促使我去誤解或誤述這種關聯的性質。於是，我會傾向於認爲，在我聽到並理解「正方體」一詞時，出現在我心靈中的關於一幅正方體示意圖的圖象只可應用於某個正方體，而不能應用於任何別的東西。維根斯坦刻意選擇了這麼一個例子，就是想讓我們在仔細察看這一特殊事例時，可輕易地看到，最初那種以爲這幅圖象本身就把某種特定的用法強加給了我們的想法完全是空洞的。因爲，當我們回想這些事情時，就可以看到，很容易設想出另外一種對這幅圖象進行投影的方法，例如一種可讓它適合於一個三稜柱的投影方法。

這樣一來，「正方體」一詞的例子向我們表明的便是，儘管「正方體的圖象確實向我們暗示了一種特定的用法……可我仍可能以不同的方式使用它」（《哲學研究》§139）。那麼，促使我忽略某種替代用法的可能性的，到底是什麼樣一幅關於這幅圖象與這種用法的關聯的圖象呢?維根斯坦問道：是不是這樣一幅圖象，「我應這樣表達它：我本該想到，是這幅圖把一種特定的用法強加給了我?」（《哲學研究》§140，著重號爲引用者所加）可是，確切地說，這幅圖象到底是什麼：「有沒有作爲一幅圖象或者類似於一幅圖象的某種東西，把一種特定的用法強加給了我們？」（《哲學研究》§140，著重號爲引用者所加）這個例子的寓意在於，我們最初認爲關於一個正方體的圖象就是這樣一幅圖象。當我們認識到，存在著我們準備稱之爲「應用關於立方體的圖象」的某種別的東西時，就可看出，我們關於某種特定的用法被強加給我們的整個觀念，不外乎就是：「只有這一情形而無任何別的情形呈現給了我。」（《哲學研究》§140）這裡涉及的，並不是有關是否存在著任何構成我的詞語的意義的東西的某種懷疑主義論證，而是這樣一個問題：我被引誘去構造關於我心靈中出現的東西與我對一個詞的使用之間的關聯的某幅特定圖象——亦即關於出現在我心靈中「強加給」我一種特定用法的東西的圖象——是否擁有眞實的內容？

在《哲學研究》§140的末尾，維根斯坦得出了如下結論：

> 關鍵是要看到，我們聽到這個詞時，同樣的東西可以出現在我們的心靈中，而應用仍然是不同的。它兩次都有同樣的意義嗎？我想我們會說：不是的。

不要把這理解爲這樣一種懷疑論主張：不存在我現在以「正方體」意指正方體這樣一個事實；維根斯坦這裡並不是向我們提出一種懷疑主義論證。寧可把他的評論理解爲：將我們的注意力引向被我們忽略的一種平常或熟悉的可能性，而這種可能性表明，我們被引誘去做成關於在我聽到並理解「正方體」一詞時，出現在我心靈中的圖象與我接下來對它的應用之間關聯圖象是稀奇古怪的。維根斯坦正是通過考察這一特定情形的細節，去抵制構造關於這一關聯本質的神話圖象誘惑的。因爲我們現在看到，同樣的圖象會出現在我們的心靈中，而應用仍然是不同的：這幅圖象畢竟沒有把某種特定的用法強加給我們。在出現不同應用的情形中，正是對該詞的使用表明了說話者用它意指什麼，而不是在他聽到並理解該詞時出現在他心靈中的東西。

然而，維根斯坦的對話者並未立刻放棄關於一幅強加給我們一種特定用法的圖象觀念。他問道：難道不會是，不僅關於正方體的圖象而且投影它的方法也一起在我們聽到這個詞並理解它時出現在我心靈中？例如，難道在我心靈中不可能出現一幅表現由投影線連接起來的兩個正方體的圖象嗎？維根斯坦表明，假如我們滿意於這種說法，這難道不是因爲，只有一種對這幅新圖象的應用呈現給我們嗎？不過，肯定有人會描述出一種不同於我自然會採用的對這幅圖象的應用，就像維根斯坦對原先那幅關於正方體的圖畫所做的那樣。這樣，我們再次發現，我們關於一幅圖象強加給我們一種用法的想法，實際上不過表達了我們以某種特定的方式應用這幅圖象的傾向而已。爲描述這一情況，我們可以說，對這幅圖象的某種應用出現在我的心靈中，但維根斯坦告誡說，我們需要「更清晰地把握我們對這種表達的應用」（《哲學研究》§141）。該圖象的某種應用出現在我心靈中，是怎麼回事？我想以一種方式而不是另一種方式應用這幅圖象，又是怎麼回事？

爲探究這一問題，維根斯坦此時又轉向了一種不同形式的語法研究。他不再仔細考察，在某個聽到並理解一個詞的特定情形中實際發生了什麼，而是要我們設想，我們如何向某人解釋各種投影方法，以及我們如何判定我們想要的投影是否出現在他的心靈中。他同意，我們對此擁有兩種不同的標準：「一方面是在某一刻出現在他心靈中的（無論哪一種）圖象；另一方面是他——在時間之流中——對他所設想的東西的應用。」（《哲學研究》§141）他現在要問：「在圖象和應用之間會有衝突嗎？」（《哲學研究》§141）顯然會有的。但這並不是因爲這幅圖象強加給我們一種特定的應用，也並不是因爲它不可能以不同於我們應用它的方式被應用。只有當「這幅圖象促使我們期待一種不同的用法」時，衝突的可能性才會出現，「因爲人們一般是如此這般地應用這一圖象的」（《哲學研究》§141）。維根斯坦接著寫道：「我要說：我們這裡有一種正常情形，以及多種反常情形。」

《哲學研究》§141的最後幾句話，顯然沒有任何到達懷疑的極致意味。這裡既未暗示關於一個正方體的圖象是不可用的，也未暗示關於該圖象同其應用的衝突的觀念是沒有意義的。反倒表達出了這樣一種認識：這幅圖象有一種用法——「人們一般是如此這般地應用這一圖象的」——而且，正是憑據該圖象的這種用法，我們才可能談到它和某種特定的應用之間的衝突。據克里普克的解釋，《哲學研究》§138—141中的論辯，是在一名意義懷疑者和單純的常識之聲之間展開的。按通行的讀解，論辯的一方是維根斯坦的欲行治療的聲音，另一方是表達著一種誘惑的聲音，這種誘惑便是去構造關於一幅圖象同其應用的關聯的一幅神話圖象。維根斯坦的治療聲音引導我們考察某一特定的具體情形的細節，以使我們既認識到我們關於強加給我們一種用法的圖象的觀念是奇怪而空洞的，又看到實際上「並不涉及任何不同尋常的東西」。賦予關於圖象和應用的衝突觀念以內容的，正是一幅圖象和它應用之間的關聯，而這種關聯是基於使用這幅圖象的實踐，基於它擁有一種用法的事實，而不是基於這幅圖象據以將一種特定的用法強加給我們的某種神祕力量。

因此，這些段落中的論辯，重現了我們於上一章中所討論的那些評論中看到的那種形式。像前面一樣，維根斯坦利用對某一特定具體情形的語法研究，去抵制一幅關於意義或理解的錯誤圖象，而我們的語言形式——例如，「我刹那間把握住了意義」——誘使我們去採納這幅圖象。他既不是要提供一種關於我們日常語句的分析，也不是要提出一種說明我們的日常語言如何起作用的意義理論。他關於哲學方法的語法構想的核心觀念是：對欲行誤解的誘惑的治療在於密切注意我們語言實踐的詳細結構。欲行誤解的誘惑之所以會出現，是因爲我們太急於構建關於我們語言的某個部分如何起作用的圖象，而這幅圖象初看起來似乎是很清晰的。維根斯坦向我們表明的是，當我們試圖把我們的圖象應用於某個特定的具體事例時，它卻被證明是不可用的。在通過對特殊事例進行語法研究更清晰地覺察到了實際所涉及的東西之後，我們開始認識到，不僅我們最初的觀念是空洞無物的，而且爲理解我們語言的這一部分如何起作用所需的所有東西都已擺在我們眼前了，可在我們日常實踐的表面結構中觀察到。透過將我們的哲學圖象與實在相比較，我們開始看清，我們欲解釋把握一個詞的意義之行爲與對它的使用之間的關聯的願望，所產生的只是一種空洞無物的建構。

意義與理解

關於在一名說話者聽到並理解一個詞時，出現在他心靈中的東西與他隨後對它使用之間的關聯的錯誤圖象，是和如下觀念聯繫在一起的：一名說話者對他的語言的理解，乃是某種形式的心靈狀態，這種狀態，是他接下去正確使用他語言中的語詞的能力的源泉。關於在一名說話者聽到並理解一個詞時出現在他心靈中的東西，必定以某種方式將一種特定的應用強加給了他的思想，顯然是同這幅關於這種理解必定在於什麼的圖象聯繫在一起的，或者說，是表達這幅圖象的一種方式。即使這幅關於意義的特殊圖象被證明是空洞的，我們仍然會覺得，「理解」這一概念要求，必定得有某種類似於此的東西。要否認這一點，似乎就等於宣稱，我們使用語言的無限能力無法憑據某種有限的生殖基礎加以解釋；也就等於假定，某個理解一種語言的人和某個不理解它的人之間的差別，並不在於作爲這種無限能力之源泉的某種有限內在狀態的存在或不存在。我們看到，維根斯坦在《哲學研究》§138—141中，已開始試圖讓我們相信，這幅關於在我們理解一個詞對出現在我心靈中的東西，與我接下來對它的使用之間的超強關聯的圖象，不過是源自誤解我們語言形式誘惑的一個神話。然而，要充分揭示我們所構建的這幅關於理解與用法之關聯的圖象的神話本質以及理解概念實際起作用的方式，只有通過對我們語言的這個區域做持續的語法研究。這種語法研究表明，理解概念發揮功用的方式，完全不同於我們關於理解必定在於什麼的哲學圖象提示的那種方式。

那麼，誘惑我們把理解呈現爲作爲正確用法之源泉的心靈狀態的東西是什麼呢？假定我們正在教一名學童如何按特定的形式規則構造不同的數列。我們什麼時候才會說，他掌握了一個特定的數列，比如，自然數數列？顯然，他必須能夠正確地給出這一數列：「就是說，像我們所做的那樣。」（《哲學研究》§145）維根斯坦此處提到，我們用於判定他是否掌握了這一系統的標準帶有某種模糊性，這種模糊性既涉及他正常地給出它的機率必須達到多少，又涉及他必須把它展開到什麼程度。維根斯坦將這種模糊性，看作我們的心理學語言遊戲的一個與衆不同的特徵，正是這種特徵，將它和我們在其中描述機械系統的語言遊戲區別開來。他對心理學語言與我們語言遊戲中其他區域的差異的語法研究要達到部分目標就是：促使我們接受這種模糊性作爲其本質的一部分，而不把它看作我們關於他人心靈狀態的知識的間接性標誌。我們將在第五章更詳細地探討這一點。維根斯坦此時關注的是這樣一種特定的誘惑，即把理解描繪爲處在正確用法背後的某種確定狀態，這種狀態構成了我們據以判定一名學童掌握了自然數系統的標準：

你這裡或許會說：掌握這一系統（或者說，理解了它）不可能在於，一直把這個序列展開到這個或那個數，那只是在應用某人的理解。而理解本身是一種狀態，是正確用法的源泉。

（《哲學研究》§146）

維根斯坦問，我們此時想到的是什麼，難道我們不是又在把理解活動設想成對迫使我們以某一特定方式應用一個詞（展開一個數列）的某種東西的把握？「可是，我們又回到了原點。」（《哲學研究》§146）我們已經看到，我們無法賦予「邏輯強制性」觀念以任何內容。當我們試圖將這幅圖象應用到某個特定的具體情形（關於一幅正方體示意圖的圖象）時，我們發現，它未能和任何東西建立聯繫：關於這幅圖象強加給我們一種特定用法的觀念，原來是空洞無物的。我們反倒發現，在這幅圖象與對它的使用之間發生衝突的可能性，有賴於這幅圖象與某種給定的應用之間的關聯，而這種關聯是基於存在著一種以某種特定方式使用該圖象的實踐這一事實的。說理解乃是「正確用法的源泉」，只不過是以另一種方式表達了這種誘惑，即相信某種東西出現在了說話者心靈中，並迫使他以某種特定方式使用一個詞。就此而言，這種看法，就像我們早先關於正方體示意圖強加給我們一種特定用法的想法一樣，是空洞無物的。關於理解與用法之關聯的圖象，同樣是一個空洞的觀念，維根斯坦已表明沒有任何東西對應於它。舉例來說，一個公式出現在心靈中作爲一名學童理解一個數列的標準，完全只是因爲這一公式被以一種特定方式使用，而不是因爲它不知怎地就成了某一給定數列的「源泉」。只要想到，一個適當的公式出現在一名學童的心中而他卻仍不理解它的情況，是完全可能發生的，我們就可再次看到，我們關於「邏輯強制性」的圖象是空洞的。

對話者此時又轉向導致他覺得有必要將理解描畫爲作爲正確用法之源泉的心靈狀態的另外一種根源：

> 在我說我理解一數列的規則時，我當然不是因為認識到，我到現在為止一直在以如此這般的方式應用這個代數公式，才這麼說的！就我的情況而言，我無論如何都確切地知道，我是在意指如此這般的一個數列的；至於我實際將它展開到哪一步，是無關緊要的。
>
> （《哲學研究》§147）

我不必去注意我在做什麼，以便知道我用一個詞意指什麼，或者知道我正展開的是哪一個數列。這再次表明，我必須把握業已預示著我接下來對一個詞的使用的某種東西。要不是這樣的話，我如何能夠在實際應用一個詞之前，知道我用它意指什麼呢？顯然，我確實想說，我們知道我們用一個詞意指什麼，並不依賴於我們對自己使用它的情況的注意，但問題是，「知道意義的狀態」這個概念的語法是什麼呢？在著手考慮維根斯坦的語法探究之前，我們會被引誘去將這一概念與關於不知怎麼就已經預示了我將來對一個詞使用的某種狀態的觀念聯繫起來，但是，我們對立方體示意圖的情形的考慮，已表明這一觀念是成問題的，沒有什麼東西與它相對應。可是，假如這一觀念是空洞的，我本人如何能知道我理解了一個詞或者把握了一條規則呢？我們似乎再一次被逼回到那幅關於作爲正確用法之源泉的某種狀態的圖象。

關於知道/理解一個詞的狀態這一概念的語法的問題，引導我們進入了維根斯坦對我們語言的這一區域的語法研究的核心。這項研究要達到的主要目的是，我們應清晰地認識到，我們語言的這一部分是如何發揮功用的。所以，我們必須非常仔細地關注維根斯坦在這些段落（《哲學研究》§148—155）中所說的內容。這些段落的核心主題是，企圖鬆動把理解作爲一種內在心靈狀態的圖象對我們的控制，具體做法是，揭示出如下兩對概念的語法差異，亦即用法上的差異：第一對是理解概念和關於有意識的心靈狀態的概念；第二對是理解概念和關於內在機制的概念。維根斯坦關於語法研究觀念的一個重要部分就是，它應促使我們去注意表徵著我們的概念的那些各別的語法特徵。他意欲克服的那些誤解語言如何發揮功用的誘惑之所以會出現，正是因爲我們未能注意到我們概念間的這些語法差異。這種失誤導致我們去做出引人誤解的類比，去問不適當的問題，去做錯誤的比較，去進行錯誤的推導等等。維根斯坦相信，通過觀察這些語法上的差異，並同意它們揭示出了我們概念所描述現象在類別上的區分，便可清除由這些誘惑導致的混亂。因此，他正是通過引導我們去關注描述有意識的心靈狀態的概念、描述機械系統的概念與理解概念之間的語法差異來向我們揭示後者的獨特語法。他相信，這種關於理解概念之語法的清晰觀點，將會把我們從混亂中解救出來，這些混亂至少部分地源自對我們語言的這些不同區域所形成的某種錯誤的相似感。

描述有意識的心靈狀態的概念——例如，關於處於疼痛狀態的概念、關於感到鬱悶的概念、關於聽到一種蜂鳴聲的概念等等——的獨特語法包含著這樣的部分：就像強度概念或程度概念一樣，綿延、中斷和連續這樣一些時間概念，在被應用到上述那些概念時都有清晰的含義。相反，理解概念則和關於任何東西「出現在我們心靈中」的觀念沒有任何聯繫，只是引入了關於傾向或能力的觀念。我們並不在談論疼痛的強度或程度的意義上來談論理解的強度或程度，而更多地是在容量或廣度的意義上來談論它。儘管在某些特定情境下，我們能夠確定，理解能力什麼時候突然來臨了，或者能夠談論它被打斷的情形，可是，理解概念並不像關於當下意識狀態的概念那樣，和綿延概念聯繫在一起。即便假定，時間性概念與理解概念之間的這些弱關聯，使得理解是一種狀態是合適的，但它顯然是一種（從語法上講）不同於疼痛或鬱悶的狀態類型，而我們需要對它的獨特語法有更爲清晰的把握。理解狀態是什麼類型的狀態？稱之爲一種心靈狀態，要面臨的危險是，我們不是去試圖通過觀察這一概念實際如何發揮功用而描述其語法，而只是形成這樣一幅關於理解的模糊圖象：它類似一種有意識的心靈狀態，只不過是無意識的而已。這並不能讓理解狀態的語法更清晰（事實上，倒可以說使之模糊化了），但它同時卻又容許我們忽略掉讓這種語法清晰起來的那種眞正的工作。由此：

用「有意識的」和「無意識的」這樣的詞，去表達意識狀態與傾向之間的對照，最容易引起混亂了。因為這對術語掩蓋了一種語法差異。

（《哲學研究》§149）

在缺乏一種關於理解概念之語法的清晰觀點情況下，還存在著這樣一種誘惑，即根據一種心靈裝置（比如大腦）所擁有用於解釋說話者語言能力的那種內在結構去描述這一概念。維根斯坦再次表明，這幅圖象不適合於這一概念的語法，因爲我們對這一概念的用法表明，我們並不是在描述一種內在機制的確定狀態。因此便不存在任何用於判定（例如）一名說話者理解一個詞，或知道如何做加法運算的標準，這一標準要訴求於「關於這一裝置的、完全和它做了什麼無關的某種知識」（《哲學研究》§149）。寧可說，我們對理解概念的使用，以某些複雜的方式，和一名說話者對某一特定的生活形式參與聯繫在一起。如果我們這裡說，理解的標準純粹是行爲上的，那是對維根斯坦思想的誤讀。這樣解讀他的思想，沒有抓住他在我們的理解概念起作用的方式中找到的那種特定形式的複雜性。他並未聲稱，理解概念的含義在於判定其應用的行爲標準。確切地說，這一概念於其中獲取它的含義（亦即它的用法）的領域，乃是一種複雜的生活形式，這種生活形式是在說話者們生活和行動的方式中展現出來的，既體現在他們過去的生活史中，也體現在他們當下的與未來的行動及反應方式中。理解概念是對一種內在機制的狀態的描述——這種誘人的觀念，完全未能把握住這一概念同進行中的某種行動模式、而非同它被歸屬的那一刻所發生的任何事情相關聯的方式。我們並不是承認，這一概念依賴於由過去的訓練、外顯的能力和反應模式組成的某個視界，而是形成這麼一幅簡單的機械圖象，它表達出的不過是這樣的事實：這「乃是一種非常令我們信服的解釋形式」（《哲學研究》§158）。

維根斯坦以下面這個例子，道出了理解概念同過去的行動模式之間的語法關聯。「甲寫下數列；乙看著他寫，並試圖找出這串數的規律。如果他成功了，他就會這樣喊：『現在我可以接著寫下去了。』」（《哲學研究》§151）顯然，這正屬於這樣一類情形，在那裡，我們感到被引誘將理解視作這樣一種狀態：它於剎那間出現，並解釋了乙爲什麼能正確地把這個數列寫下去。維根斯坦接下去設想，當甲寫下（例如）1，5，11，19，29這些數，而乙突然間知道了如何進行下去時，實際會發生什麼。他指出，這時會發生好多事情：乙可能得到了 $a_n = n^2 + n - 1$ 這個公式；或者他可能看出數差是4，6，8，10……；或者他可能對自己說：「是的，我知道那個數列」並把它接著寫下去，就像我們接著把1，3，5，7，9……這樣一個數列寫下去一樣；或者他可能什麼也不對自己說，而只是拿起粉筆把這個數列接著寫下去，或許帶著「可稱之爲『這還不容易』的感覺」（《哲學研究》§151）。他此時要問，所描述的這些過程，實際構成了理解狀態嗎？把理解狀態等同於其中任何一個過程，要面對的難題是：我們很容易設想這樣的情形，在那裡所描述的過程出現了，而說話者卻依然沒有理解。即便一名說話者想到了正確的公式，我們仍然可以設想，在讓他接著展開這個數列時，他卻不能正確地做下去。

這一事實自然會引誘我們產生如下想法：「『他理解了』必定不只是指：他想到了這個公式。同樣，它還包含著比任何這些或多或少帶有獨特性的伴隨物或理解外化狀態更多的東西。」（《哲學研究》§152）由於未能在乙突然理解時所發生的任何事情中找到理解的狀態，我們被引誘去虛構出這麼一頭怪物：「似乎隱藏在這些粗糙的從而更易看清楚的伴隨物背後的精神性理解過程。」（《哲學研究》§153）可是，我們對於這種隱藏著的理解過程具有什麼樣的觀念呢？而如果這一過程是隱藏著的，乙在說「現在我理解了」時又是如何知道它出現的呢？「如果我說（這一過程）是隱藏著的——那麼我是如何知道我要尋求的是什麼東西的呢？我陷入了混亂。」（《哲學研究》§153）就在這個時候，維根斯坦將我們的注意力引向至此前一直被忽略的東西上，亦即「現在我理解了」、「我想到了這個公式……」等這樣一些詞在其中被使用的那個場景（field）。當我們去察看我們的語言遊戲實際如何發揮功用、我們對理解概念的使用如何同某種特定的生活形式的獨特背景聯繫起來時，我們通過虛構出關於某個出現在被觀察到現象背後的精神過程的稀奇觀念而造成的那種混亂便被消除了。

那麼，「現在我理解了」、「現在我看清原理了」等句子，實際是如何被使用的呢？我們前面已看到，它們並不是被用來描述構成理解狀態的任何過程的；關於這樣一個過程的觀念本身，已被證明是無法把握的。但要是那樣的話，我如何才能知道我能夠說出這些詞呢？在某個特定情境下，是什麼東西使得我可以正當地說，我能接著做下去了？維根斯坦寫道：

> 如果說必定有「處在這個公式的陳說背後」的東西的話，那就是特定的情境，是它們使我可以正當地說我能接著做下去了——當我想到這個公式的時候。
>
> （《哲學研究》§154）

這樣，我便是帶著某種特定的背景或歷史來使用「現在我理解了」這些詞的：例如，我受過使用這些代數公式的訓練；或者，我掌握了看到數型（numerical patterns）的訣竅；或者，我被訓練過識別數列，包括這一個。我對這些詞的使用，並不關乎我對某個過程的觀察，或者我關於某個我並未看到的過程的假設，而只關乎我一直受其同化的那種生活的結構，而這種結構是在我過去行動的形式或模式中展現出來的。正是這種背景或歷史用意義（significance）賦予了我的語詞，這種意義促使我在某個特定情境中使用它們，並爲其他說話者對它們做出的反應提供基礎。理解概念的語法，並未讓我們更深入地了解某種機制的確定狀態，而是散布於我們實踐的表層，並將它聯繫於我們獨特的生活形式的複合體及其所包含的多種模式。

所以，我們不應把維根斯坦的指令——「絕不要把理解看作一個精神過程」——理解爲堅定的行爲主義的一句斷言，或者理解爲有關心靈狀態的反實在論的一種表達，寧可把它理解爲關於理解概念之語法的一個評論。維根斯坦是想以他的指令告誡我們，不要採納關於這一概念之語法的某種過於簡單化、不適當的圖象，並促使我們睜開雙眼去察看這一概念和我們生活形式的特有結構形成反響的方式。理解概念的語法包含著這樣一個部分：它並不描述這麼一種東西——其本質由「那一刻」所發生的東西構成；理解概念，無寧是和說話者生活中的某個獨特形式聯繫在一起的，這種型式的作用是：在任一特定情境下賦予「現在我理解了」這些詞以意義。可能存在著與突然間理解了一個詞或一個數列的原理相關的獨特經驗，但這些獨特經驗並不就是理解。這一概念的語法，「現在我理解了」這些詞在日常語言交流中的使用，並不關聯於說出這些詞時的精神伴隨物，而只關聯於它們在其中被說出的那些情境。

這些論點似乎仍讓我們難以理解第一人稱情形。假如我想到了這個公式，就其本身而言，並不能使我可以正當地說「我現在能繼續下去了」，那麼，我何以知道我正確地使用了這些詞呢？我是不是得憑據這樣的情況：我知道，在這樣一些情境下想到了一個公式與我實際上正確地把這個數列寫下去之間已然確立了一種關聯？我是不是得聲稱，當我在某些情境下，憑據我想到了一個公式而說「現在我可以繼續下去了」時，這樣一種經驗的關聯確實存在？顯然，這些說法所給出的，是一幅關於我們生活形式的獨特形式如何提供「我們語言遊戲的場景」（《哲學研究》§179）的錯誤圖象。當我想到這一公式時，「現在我可以繼續下去了」這些詞就是被正確使用的，只要我已經參與了構成我們使用這些詞所必需那種生活形式背景。然而，我說出的話，並未含蓄地指稱我參與一種生活形式這種情境，倒是我們的生活形式——例如，我們共同參與的運用和教授數學的實踐——構成了我們的語言遊戲在其中發揮功用的某種不確定的、未明言的視域。教一個孩子使用「現在我理解了」這些詞，並不依賴於把他的注意力，要不引向任何「出現在他心靈中」的東西，要不就引向存在於想起一個公式和他正確地做下去之間的某種經驗關聯。寧可說，教師對孩子行爲中出現的那些他在加深掌握的形式給予鼓勵。孩子則反過來更增強了信心和熟練程度，並最終得以跨出關鍵的一步，獨立地繼續進行下去。

「現在我理解了」、「現在我可以繼續下去了」這樣一些句子的用法，是在與某個特定實踐相協調、自主而自信的反應被開發出來的背景中所學會的，而不是在和對內在精神狀態的反省或者關於經驗規則性的假定關聯中被學會的。

維根斯坦對「現在我能繼續下去了」這些詞的第一人稱用法的描述，並不像克里普克所說的那樣，是爲回應關於意義的一個懷疑論問題——亦即，不存在任何構成我理解一個詞的事實——而做出的。維根斯坦關注的是，對我們日常語言遊戲所做的一種語法研究，這種研究的目標在於將我們的注意力引向「理解」這個概念（這個事實）所是的那類概念（那類事實）；他的評論，純粹是用於描述我們的語詞如何被使用，它們如何被教會，以及諸如此類的一些事情。他描述的整個目的，就像他的語法探究所抱有的一般目的一樣，是想揭示出，我們爲回應「什麼是理解？」這個問題而傾向於構造出的那幅圖象是空洞的，以及我們爲清除困惑所需的一切都已在我們使用語言的實踐中明擺出來了。因此，關於某種內在狀態（無論是有意識的還是無意識的）的觀念，在我們用「現在我理解了」這些詞所玩的語言遊戲中不起任何作用。這幅關於理解的誘人圖象對我們的束縛，可通過看清它同理解概念實際起作用的方式並無關聯而被消除：

> 我們接受為……「理解」之標準的東西，比初看之下要複雜得多。也就是說，用這些詞玩的語言遊戲，它們在以它們為手段所做的語言交流中的用法，要比我們被引誘去設

想的包含更多的東西；這些詞在我們語言中的作用，也不像我們被引誘去設想的那樣。

（《哲學研究》§182）

我們逐步看清了這一點：我們構造出了一幅將某種形式（或語法）——亦即一種內在狀態的形式——歸於理解現象的圖象，但是，就像這一概念的語法所揭示的那樣，這一現象的實際形式要複雜得多，而且完全是不同的。這幅圖象之所以吸引我們，僅僅是因爲我們沒有形成關於所涉及心理學概念語法的清晰觀點，從而隨意地根據某種簡單的、準機械的模型去設想它們。維根斯坦的語法研究的主要目標之一，就是要表明，不僅這幅粗糙的圖象是空洞無物的，而且這些概念的獨特語法業已揭示出了我們所關注現象的眞實本性。

規則與其應用的關聯

獲取關於「現在我理解了」這些詞的用法的更清晰觀點，會有助於我們去抵制這樣的看法：這些詞描述了一種內在心靈狀態。然而，僅僅澄清我們語法的這麼一小點，尚不足以將我們完全從內在狀態神話中解放出來，因爲我們語言的一些其他方面，似乎也會把這幅圖象強加給我們。我們在別的一些點上也會被引誘去說，理解必定是一名說話者「刹那間」獲得的一種狀態，這種狀態迫使他以某種特定的方式應用一個詞（展開一個數列）。只有在詳盡考察過這些別的誘惑之源之後，我們才有望徹底擺脫這幅圖象。在《哲學研究》§185中，維根斯坦構造了一個例子，並用它更爲清晰地表明了有關我們語言遊戲的其他方面。像是我們會被引誘去把虛構的理解看作是一個正確用法之源的狀態。

這個例子重新回到了教一名學童把老師寫下的一個數列接著寫下去的情形。維根斯坦把他現在要我們考慮的情形描述如下：

現在——按通常的判斷——這名學童已掌握了這個自然數列。接下來我們教他寫下別的整數系列，並使他在得到「＋n」這種形式的指令時得以寫下如下形式的數列：

0, n, 2n, 3n……等

所以，在得到「+1」的指令時，他寫下自然數系列。——假定我們做了一些練習，並讓他一直加到 1000。現在我們讓這名學童在 1000 以後繼續寫這個數列（比如，+2）——他寫出了 1000, 1004, 1008, 1012。

我們對他說：「看你做的！」——他不理解是怎麼回事。我們說：「是讓你加 2，看看你是怎麼開頭的！」——他回答說：「是啊，難道有什麼不對嗎？我認爲就是讓我那麼做的。」——或者假定他指著這個數列並且說：「可是，我是以同樣的方式往下做的呀！」（《哲學研究》§185）

維根斯坦把這一情形描述爲，這名學童對他所受訓練的自然反應不同於我們：「此人自然會把我們的指令連同我們的解釋理解爲，我們應當這樣理解這一指令：『加 2 一直到 1000，加 4 一直到 2000，加 6 一直到 3000，以此類推。』」（《哲學研究》§185）他拿它和如下情形相比較：某人對指物姿勢做出反應時，是沿著從指尖到手腕的方面看去，而不是相反。所以，這個例子向我們表現的是維根斯坦早先描述過的一個「反常情形」（《哲學研究》§141）。我們接受的訓練或指導中，沒有任何東西（以某種神祕的方式）強加了這條規則某種特定的應用，但是，我們通常全都透過接下去以某種特定的方式使用這條規則，來對這種訓練和這些指導做出反應。同樣的訓練、同樣的指導，卻給維根斯坦在《哲學研究》§185 中描述的那名學童造成了完全不同的印象。這裡涉及的，並不像克里普克所說的那樣，是關於意義的懷疑論。寧可說，維根斯坦是將這一反常情形作爲一個比較的對象，以便澄清正常情形中那些我們被引誘去誤解的方面。這一反常情形尤其是被用於澄清，我以一種方式而非另一種方式（例如，正常地而非反常地）意指或理解「+2」這個指令是怎麼回事情，以及是什麼使得對這一指令的某一種而非另一種反應成爲正確的。在兩種情形下，我們要做的都是某種語法研究，而不是爲我們的日常實踐提供某種哲學注釋或辯護。

那麼，是什麼使得「1000, 1002, 1004, 1006……」成爲對「+2」這個指令的正確反應呢？「如何確定在任一特定階段要採取的正確步驟是什麼呢？」（《哲學研究》§186）對話者提到：「正確的步驟就是符合這一指令的步驟——就像所意指的那樣。」（《哲學研究》§186）然而，問題是，這種意義到底是什麼？我們給出這一指令時，肯定沒有明白地想到「1000, 1002, 1004, 1006」這些步驟；或者說，如果我們確實想到的話，顯然還有其他一些我們沒有想到的步驟。而我們這裡又被推回到這樣的誘惑：把意義或理解設想爲業已預示了可對一個詞所做的所有應用的一種狀態。因爲我們想說：「我的意思是，他應當在他寫出的每一個數後面，寫出下一個數；所有那些命題都依次隨之而來。」（《哲學研究》§186）似乎只有通過訴求於這麼一幅關於已確定下來的無數個命題的圖象，我們才能有意義地說，「1000, 1002, 1004, 1006……」是對「+2」這個指令的正確反應，而「1000, 1004, 1008, 1012……」則是對它的一個不正確的反應。

在緊接下來的下一個段落中，維根斯坦指明，這裡討論的不是事實，而是事實的形式（我們概念的語法）：

> 「可是，我給出這個指令的時候，就已經知道他應當在 1000 後面寫 1002。」——當然是這樣；而且你也可以說你當時意指的就是這個；只是你不應當讓自己受到「知道」和「意指」這些詞的語法誤導。
>
> （《哲學研究》§187，著重號為引用者所加）

我們想把這種知道或意指描述爲這樣一種活動，在其中「這一指令以其自身的方式業已經歷了所有這些步驟：所以，當你意指它時，你的心靈就跑到了前面去，在你的身體達到進一步或那一步之先，它就走過了所有的步驟」（《哲學研究》§188）。我們覺得，某一反應之爲正確的，這一說法本身就要求，答案「已經以某種獨特的方式被預先確定、被預期到了」（《哲學研究》§188）。但是，我們仍然「沒有得到關於這種最高事實的模型」（《哲學研究》

§192）；沒有任何觀念對應於我們用下面這些詞想要表達的東西：「這一指令（像它被意指的那樣），已完全確定下了從一個數到下一個數的每個步驟。」或者像維根斯坦指出的，要是真有任何觀念附加在這個詞語之上的話，那也是完全平常的觀念：存在著這樣一種使用規則的經常性實踐，在其中，每個人在同樣的點上都會採取同樣的步驟，或者存在著這樣一些規則，它們為每一自變量確定下的一個獨一無二的值（例如，像「$y = 2x$」那樣，而不是像「$y < x$」那樣）。如果我們想要訴求於這種完全神祕的觀念，即這些步驟以某種獨特的方式——亦即以「只有這種意指活動才能預期實在」（《哲學研究》§188）的方式——被確定下來了，那麼，我們就不是在描述任何實際發生的事情，而無寧說，存在著某種有關我們語言遊戲的東西，使得這幅圖像對於我們而言是十分自然的事情。

維根斯坦做了如下這種通俗的比較，為的是把我們從這幅奇怪的圖像中解救出來：

> 當你說「我當時已經知道……」時，其意思就像是：「假如我當時被問及，1000之後應當寫什麼數，我就應當回答『1002』。」這一點我並不懷疑。無寧說，這一假定跟下述說法屬於同一類型：「假如他當時落入水中的話，我會跟著他跳下去。」——這麼說來，你的觀念的問題出在哪裡呢？
>
> （《哲學研究》§187）

維根斯坦這裡又把我們帶回我們自己對這條規則做出反應的方式。我們可以說「我當時已經知道……」，但這些詞並不是和神祕地預示未來的意指行動，而是和我們使用一條規則的實踐及我們被訓練出來對它做出的反應聯繫在一起的。因此，我在使用這條規則的實踐中所受的訓練，使得我毫不猶豫地在每一新的點上做出行動。對被意指的反應和那名反常的學童實際做出的反應之間的衝突所形成的感覺，並非源自他的反應和這條規則本身的衝突，而是源自他的反應和我的反應之間的衝突。「我當時已經知道……」並不意味著，我的所有反應都必定以某種神祕的方式呈現或被預示了。寧可說，這些詞是從構成「語言遊戲之場景」的生活形式中獲得其意義的；以含義賦予它們的，並不是伴隨著它們說出而生的東西，而是它們的用法嵌於其中的使用語言的實踐；這些詞所訴求的，乃是我的實踐，而不是某種神祕的精神活動。

可是，到底什麼使得「1000, 1002, 1004, 1006……」成爲正確的反應，仍然不是很清楚。我們難道不是已經同意，那名反常學童的反應，在某種解釋之下，可以算作對「+2」這條規則的一種應用嗎？要是這樣的話，我們不是得同意，一名說話者所做的任何反應，在某種解釋之下，都是符合這條規則的嗎？我的反應可能與那名反常學童的反應相衝突，可它怎麼成了正確的反應、應當做出的反應？我們會再次感到，要使正確反應與不正確反應之間的對比有什麼意義，就得訴求於這種觀念：用法已預先以某種特別的方式確定下來了。維根斯坦以下述方式來回應這種將意義概念當成神話誘惑的死灰復燃：指出正確與不正確的區分，如何實際奠基於正常反應與不正常反應聯繫於周圍實踐的不同方式。我們並不是在我們傾向於去找尋它的地方——在規則本身中，或者在某種伴隨著規則的說出而生的東西中——找到這種區分的基礎的，而是在環繞著這一指令被給出、對它的反應所做出的場景中找到它。維根斯坦將這些論點概括如下：

> 我要問：一條規則的表達方式——比如一塊路標——和我的行動有何關係？這中間有什麼樣的關聯？——哦，或許是這樣：我被訓練以特定的方式對這種記號做出反應，而現在我確實這樣做出反應了。
>
> 但這只是給出了一種因果聯繫，說出我們此時按路標行進是如何發生的；而不是：這樣按一塊路標行進，實際在於什麼。完全相反；我已進一步指明了，僅當存在著路標的某種經常性的用法、某種習慣，一個人才會按一塊路標行進。
>
> （《哲學研究》§198）

把這些評論理解爲關於遵守規則的某種理論，或者關於規則概念的某種分析，顯然是很誘人的。然而，維根斯坦本人卻把這些觀察刻畫爲「語法的」，作爲「對『遵守一條規則』這一表達式的一個注解」（《哲學研究》§199）。因此，維根斯坦在一條規則和一種實踐之間建立起的這種關聯，並不是作爲對「一條規則」的概念進行哲學分析而提出的，而是用於描述可在我們語言遊戲的結構及我們的概念實際起作用的方式中觀察到的東西的。通過比較正常和反常情形，維根斯坦使我們一方面得以克服我們說這條規則本身（它如何被意指的）必定以某種方式強加了它某種特定用法的誘惑，另一方面也得以認識到，一條規則與對它某種應用之間的衝突，在於我們如此應用這條規則的這一事實。這裡，並未就關於一條規則的概念引出任何懷疑論危機，倒是表現出了這麼一種企圖，即表明「我們由於未能理解一個詞的用法，而認為它表達了一個奇特的過程」（《哲學研究》§196）。這樣做，是為了讓我們看到，我們在虛構出關於某個「奇特過程」——即預示著未來的意指行動——的觀念時弄出了一頭怪物，以及事實上「並不涉及任何不同尋常的東西」（《哲學研究》§94）。當我們察看遵守規則及教他人遵守規則的語言遊戲實際包含著什麼時，我們發現說，有這麼一個過程，未來於其間被現在預示著，等於什麼也沒說；一條規則同其應用的關聯，被當成是存在於我們使用它的實踐中。

在《哲學研究》§201中，維根斯坦這樣寫道：

> 這便是我們的悖論，沒有任何行動過程可由一條規則決定，因為每一個行動過程都可被說成是符合一條規則的。回答是：如果每種東西都可被說成是符合這條規則的，則它也可被說成是違背這條規則的。因此，這裡既沒有符合也沒有違背。

維根斯坦這裡所描述的悖論，不能理解為他就規則概念引出的某種懷疑論危機。寧可說，這一悖論涉及的是我們最初對如下這種發現所生的困惑：我們想用來描述規則與其應用的關聯的那種關於「邏輯強制性」的觀念，無法被賦予任何內容。對反常情形的探究向我們揭示出：存在著別的一些我們願意稱之為「規則的應用」的東西。我們一開始對這一發現的反應是：覺得它表明了一名說話者所做的任何事情都可在某種解釋之下被表明是正確的。維根斯坦幫助我們看清，關於這種對於我們語言實踐秩序的威脅感覺是空洞的。他指出，如果真的存在這種威脅，那便意味著，關於我們一條規則被正確地或不正確地應用的觀念完結了。我們之所以能明白我們錯了，就是因爲我們的思考得出了這樣的結論：我們人類生活形式最爲人熟知的方面之一，實際是不可能的。那種關於我們日常規則和遵守規則概念的某種懷疑論摧毀的感覺，遠不構成什麼悖論，而被用於將我們從如下這種突如其來的感覺中解放出來：在沒有一個關於「邏輯強制性」的可行概念的情況下，說話者就可隨心所欲地應用我們的規則。假如我們的思考把我們引入一個離奇的境地，要我們背離日常經驗說：既沒有對規則的符合，也沒有對規則的違背，那麼，我們便知道，我們已深深陷入誤解之中了。

在《哲學研究》§201 的第二段落中，維根斯坦接著指出了我們的誤解：

> 由下面這個事實就可以看到，這裡有著一個誤解：我們在論證的過程中給出了一個又一個的解釋；彷佛每一個解釋都至少讓我們獲得片刻的滿足，直到我們又想到另一個排在它之後的解釋。

由《哲學研究》§201 開篇（前文已引用）的那種對迫在眉睫的混亂恐懼所表達出的誤解，也正是這樣一種想法：假如規則本身並不強加一種應用，那麼我們對它的使用就是完全不受約束的。我們要看出這是一種誤解，只需注意到：在討論的過程中，我們會不斷提出一些圖象和規則，它們似乎確實要求或者確實會強加某種特定的用法，也就是說，它們似乎會滿足我們對規則和應用間的「最高關聯」的要求。只有當有人向我們指出，我們要準備承認一種不同用法作爲規則或圖象的應用時，我們才意識到以不同方式使用它的可能性。一般情況下，我們根本不會想到這些別的應用的可能性；我們只是以我們受訓練的方式——亦即和我們使用它的實踐符合一致的方式——應用圖象或規則，沒有什麼東西會困擾我們。

因此，我們要看到，日常實踐並不依賴於關於規則與其用法的神祕關聯的錯誤觀念，而只需注意到如下事實：關於我們日常語言規則的經驗包含著規則必須如何被應用的感覺，這種感覺完全獨立於上述觀念。我們發現，在對規則及理解規則的概念進行哲學反思時，所構造出的關於邏輯強制性的觀念，乃是一頭怪物。這一發現，對我們遵守規則的實踐的實際基礎並未造成任何鬆動。我們關於「+2」規則的日常經驗是，我們必須說出「1000, 1002, 1004, 1006……」。關於規則本身中存在著某種強加這種應用的東西的觀念，是空洞無物的，而這只是表明我們遵守規則的實踐並不依賴於這種全然神秘的觀念。我們教授和遵守規則的實踐所揭示出來的東西是：「存在著一種並非是某種解釋的、把握某條規則的方式」（《哲學研究》§201），即是說，這種把握方式並不依賴於如何表述和選擇關於這條規則之應用的假說。這種把握規則的方式只在於根據使用這條規則的實踐，以我們受訓練的方式對它做出反應。這種對規則的非反思的、實踐的把握，「展現在我們稱作於實際情形中『遵守規則』和『違背規則』的東西之中」（《哲學研究》§201），亦即展現在我們實踐範圍內對規則做出反應的那些方式中。

在《哲學研究》§202中，維根斯坦將這些關於規則概念的語法觀察，和是否可能存在私人規則或者是否可能「『私人地』遵守規則」的問題，醒目地聯繫到了一起：

> 因此，「遵守規則」也是一項實踐。而認為一個人在遵守一條規則，並不是遵守一條規則。因而，不可能「私人地」遵守一條規則：否則的話，認為一個人在遵守一條規則，就和遵守這條規則沒什麼兩樣了。

這條評論顯然非常簡短，而對它的解釋，必定有賴於對那些將話題引向這裡評論的解釋。所以，按照前文的敘述，我想把《哲學研究》§202 理解爲對關於規則的語法的一個注解。我們已看到，一幅圖象或一條規則同其應用的關聯，在於這樣的事實：存在著一項使用它的實踐。所以，規則概念的語法，將它和一種獨特的活動或生活形式，而不是任何在規則使用者的「心靈中」出現的東西，聯繫了起來。因此，關於一條規則的概念，本質上是同參與使用它的實踐中的觀念聯繫起來，而無關乎遵守或支配一條規則時的那些獨特的心理伴隨物。構成一個人遵守或違背一條規則行動之基礎的，並不是遵守它時的心理伴隨物（即認爲這個人在遵守它），而是環繞著這種行動的東西。缺了這些周遭背景，關於遵守或違背一條規則的概念，就完全是空洞的；因爲，並不是任何此刻出現，或者「在心靈中」出現的東西，而是存在著的某種特定的實踐形式，賦予了關於一條規則的概念內容。不過，要想弄懂關於一條私人規則（亦即，和使用它的實踐無關的一條規則）觀念的意思，我們也只有訴諸遵守規則時的心理伴隨物，而這些東西和規則概念的語法沒有什麼聯繫。要是訴求於遵守規則時的心理伴隨物，我們就無法將認爲你在遵守規則和實際在遵守規則區別開來，因爲這一區分是基於使用規則的實踐的。關於一條處在純私人領域、完全同實踐領域隔開的規則觀念，純粹是沒有意義的，因爲規則概念總歸是關於某個特定實踐形式的概念。（在下一章中，我將爭辯說，維根斯坦在《哲學研究》§243及以後的段落中關於私人語言觀念的討論，提出了一個不同於這裡提出的問題：亦即，一個心理學概念是否可基於內省加以定義。）

邏輯上的「必須」

維根斯坦在《哲學研究》§218—221中，對他關於「邏輯強制性」觀念的探討做了總結。他一開始這樣問道：「這樣的觀念是從何而來的：一個數列的開頭乃是通向無限的、看不見的軌道的可見部分？」（《哲學研究》§218）這種關於軌道的意象，顯然是表達我們如下感覺的一種方式：在我們的身體達到某一點之前，所有的步驟都已走過了。因此，「無限長軌道對應於一條規則的無限制應用」（《哲學研究》§218）。維根斯坦這時指出，我們用這幅關於無限長軌道的圖象，或者用「所有步驟都已走過了」這些詞，想表達如下的意思：

> 我別無選擇。一旦被標上某種特定的意義，這條規則就把遵守它的路線延伸到了整個空間。
>
> （《哲學研究》§219）

他反問道：

可是，要真是這麼回事，又能有什麼幫助呢？

（《哲學研究》§219）

讓我們假定，在某個柏拉圖式的天國裡，眞的鋪設出了對應於某條規則的所有未來應用的軌道。這會帶來什麼差別嗎？比如，我可否查對這些軌道，以便確定如何在一個新情形中應用這條規則呢？顯然不能。這些客觀存在的軌道，與我們人類遵守規則的實踐，或者判定一條規則在某些特定情形下是否被正確應用的實踐，搭不上任何關係。我們受誘惑認定的、對穩定我們的實踐起著至關重要作用的那個柏拉圖式天國，即便眞的存在，也無法爲我們的實踐提供任何基礎，因爲找不到任何獨立的標準來判定我們的實踐和這些柏拉圖式軌道有什麼瓜葛。

維根斯坦接著寫道：

不；我的描述，只有象徵性地加以理解，才是有意義的。——我本應該說：依我看，就是這麼回事。

我在遵守規則時，並不選擇。

我盲目地遵守規則。

（《哲學研究》§219）

可是，那一象徵性命題的目的是什麼呢？它應當突顯被因果地決定和被邏輯地決定之問的差別。

（《哲學研究》§220）

我的象徵性表達實際是對一條規則的用法的神話式描述。

（《哲學研究》§221）

因此，我使用這幅關於通向無限的、不可見的軌道的圖象，是為了表達我本人的如下感覺：我對於我所理解的一個詞或者我已掌握的一條規則，如何在新情形中被應用，已別無選擇。我對我所受訓練的反應是這樣：在（例如）展開一個數列的每一新步驟上，都不會有任何疑問；我只是根據使用這條規則的實踐，毫不遲疑地做出反應，沒有任何別的反應方式，會作為一種可能性出現。我們以關於無限長軌道的圖象「象徵性地」（亦即，隱喻式地）表達出的，正是這種關於遵守規則的獨特經驗，也正是對於這條規則如何被應用的不可抗拒性的獨特感覺。這幅圖象，就這麼抓住了有關我們把握一條規則的日常經驗的某種特別的東西。然而，當我們受誘惑去把這幅圖象不是作為一個隱喻，而是從字面上加以解釋時，問題就來了。從字面上解釋，我是以關於伸展到無限遠、並將一條規則的所有正確應用都規定好的柏拉圖式（亦即實在卻非物質的）軌道的意象，去表現被因果地決定與被邏輯地決定之間的本質差別。由於一直是從字面上解釋這幅圖象的，所以我現在必須賦予內容於如下觀念：確實存在著這樣一種東西，它「將遵守這條規則的線路延伸至整個空間」。當我發現沒有任何東西對應於這幅圖象時，我就會感覺到「每一行動過程都可看作是符合某條規則的」（《哲學研究》§201）。維根斯坦對這種混亂狀態做出回應，指出：從來就不會涉及這種東西。因爲事實是：「這條規則對我而言，只能事先產生出它的所有結論，要是我理所當然地推出它們的話。」（《哲學研究》§238）使之成爲一個「邏輯的」、而非因果的強制性情形（亦即，一個遵守規則的情形）的東西，並不在於我受到強制的方式——不在於以某種方式強制我的那條規則本身——而在於這樣的事實：我對這條規則的反應，乃是遵守規則的某個特定語言遊戲（或實踐）的一部分。關於確實存在著通向無限柏拉圖式軌道的觀念，被證明不過是一個哲學幻想。這種幻想由如下兩種東西共同化生而來：一是關於我們「一條規則」概念之語法的無知，另一是將一種錯誤的構建加在受一條規則支配的某個人傾向於說的東西之上的誘惑。

維根斯坦在《哲學研究》§206 中以如下方式表達出了同樣的思想：「遵守一條規則，可比之於服從一道命令。我們被訓練去這麼做；我們以特定的方式對一道命令做出反應。」他在這裡提出了這樣的問題：「可是，要是一個人以此種方式，另一個人以彼種方式，回應這道命令和這種訓練呢？哪一種方式是對的？」爲向我們表明，在這些情境下，爲什麼不能有意義地說某人是對的，他要求我們設想這樣的情形：我們作爲探險者來到一個神祕的國度，那裡的人們說的是一種我們完全陌生的語言。「在什麼樣一些情境下，你會說那裡的人下達命令、理解命令、服從命令、違抗命令，做諸如此類的事情？」（《哲學研究》§206）顯然，只能通過在他們使用聲音的活動中，辨別出某種結構，亦即，只能通過發掘出讓遵守規則成爲現實的那種獨特的生活形式。我們要做的是去查明這一共同體的實踐中的某種形式或模式，據此可以將他們的所作所爲判定爲發出命令、服從命令、違抗命令等實踐。所以，維根斯坦的評論：「我們據以解釋一種未知語言的參照係乃是人類的共同行爲」要這樣加以解釋：它將我們的注意力引向這樣的事實：我們是在一種共同實踐的多種形式和模式中，或者在使用記號的方式中，而不是在隱藏於說話者心靈內的任何東西中，找到一種完全陌生語言的語言技法的使用規則。

維根斯坦進一步強調了這一點。他設想了這種情形：當我們實際去試圖在他們使用語詞的實踐中辨識出一種結構時，我們卻發現不可能做到。「當我們試著學習他們的語言時，我們發現做不到。因爲在他們所說的話、他們所發出的聲音同他們的行動之間沒有固定的關聯。」（《哲學研究》§207）即使我們設想，如果塞住這些人的嘴，就會讓他們不再能前後一貫地行動，以致「沒有了聲音，他們的行動就會陷入混亂」（《哲學研究》§207），可維根斯坦仍然指出：「沒有足夠的規則性讓我們稱之爲『語言』。」（《哲學研究》§207）下達命令，做出報告，描述一個場景、講一個故事，這些都表現著特定的生活形式；當我們無法辨識這種形式時，我們就不能說人們是在使用一種語言。

維根斯坦主張，我們行動方式中的某種獨特的秩序或結構——「人類的共同行爲」——乃是語言所必需的。按我們的解釋，這種主張不能理解爲關於語言的可能性條件的理論。就像他提出的所有其他論點一樣，這種關於規則性或秩序的論點也要理解爲，對我們關於一種語言的概念或者一條規則的概念語法所做的某種語法觀察。我們關於一種語言的概念所描述的，並不是一個有意義的抽象記號系統，而是某種特定的生活形式，這種生活形式展現了某些獨特的規則性或形式，它們使遵守規則成爲可能。由我們的語言概念襯托出的生活形式觀念的核心是，在我們使用語詞的活動中，存在著某種形式或結構，是它確定了何爲正確地或不正確地應用這種語言的語詞。假如我們無法在涉及聲音使用的某種活動中辨別出這種結構，那麼不僅我們沒有足夠的證據稱之爲語言，而且把這種活動判定爲一種使用語言的活動標準也沒有被滿足。維根斯坦認爲我們的語法概念必不可少的那種符合一致或和諧，是這樣一種，它構成一種獨特的生活形式，而說一種語言（下達命令、做出報告等等）正在於此。他把這種和諧或符合一致描述如下：「爲眞或爲假的，乃是人們所說出的東西；他們在所使用的語言上彼此符合一致。這並非意見的符合一致，而是生活形式的符合一致。」（《哲學研究》§241）他在《哲學研究》§242 中同樣認爲，我們行動方式的相諧一致乃是語言概念必不可少的：「如果語言要成爲交往工具，我們必須不僅在定義上，而且在判斷上（這聽起來有些奇怪）存在著一致」；這也就是說，我們對語詞的用法必須是符合一致的。

我們對維根斯坦關於意義和遵守規則的評論解釋，就到這裡爲止了。我希望，我們能清楚地看到，切不可假定這些評論的要點可用下述主張加以概括：意義就是用法；說一種語言就是一種實踐；理解不是一種作爲正確用法之源泉的心靈狀態；如此等等。維根斯坦的評論的哲學意義並不在於這些「結論」，它們本身是貧乏而模糊的，而且顯然不是要被用做建造更精緻理論機器的基礎。這一研究進程的眞正目的，一方面在於克服某些深藏著的哲學神話和傾向，另一方面在於將我們的思想風格扭轉到明擺在我們語言實踐中的東西上。上面的那些概括完全未能抓住，在如何理解我們語言發揮作用的方式上所發生的這種更深刻的轉變。因此，將語言從其在我們生活形式中的自然背景中抽象出來，並視之爲一個有意義的記號系統的奧古斯丁式衝動，一再被表明引起了這麼一些東西：過分簡單化、理想化、虛假解釋、空洞概念，以及要不和任何實際發生的事情毫無關聯，要不就根本無法應用的圖象。爲反對這種朝著只會導致混亂和誤解方向行進的願望，維根斯坦一直試圖將我們的注意力引向到使用中語言的具體時空現象。他以這種方式尋求校正我們的誤解：透過揭示語言和我們使用它的複雜實踐之間的本質關聯，來豐富我們的語言景觀，並帶來一種理智平和的狀態，那樣我們就不再會感到：「『但這並不是那回事！』……『然而，這就是它必須是的樣子。』」（《哲學研究》§109）正是這種從抽象和概括，到對明擺在我們語言實踐中的東西而仔細關注的思想轉向，才是維根斯坦的評論給予我們的眞正教益，而這種東西是無法以某種概括來表達的。

第四章　私人性與私人語言：《哲學研究》§243—275

導言

這一章裡我將著手考察，維根斯坦如何把他在語言哲學中採納的那種哲學探究方法應用到心理學哲學中。我們已經看到，維根斯坦哲學方法的特點就是集中關注哲學混亂的最初來源，而他相信這根源就在我們語言的各種形式之中。他並不直接涉及傳統哲學的爲人熟知的學說，而是去追溯它們的根源。他認爲，根源就在於我們一開始受到的那種構造關於語言或心理現象的錯誤圖象的誘惑，而這種誘惑是由我們概念的語法表現出來的。於是，他要求我們不要再去想著構建關於意識的本質或者意識與大腦關係的理論解釋，而要去考察我們被引導去用我們的方式處理有關理解心理過程之本質問題所經歷的那些步驟。我們爲什麼一直試圖去解釋意識與大腦活動過程的關係？爲什麼會感到有必要證明他人具有心靈？在日常生活中，這些東西通常不會被顧及，可我們怎麼就覺得這些問題成了問題呢？引起維根斯坦興趣的，並不是我們構建出的哲學解釋，而是我們據以將理解精神過程的任務視作構建一種意義理論的那種「邏輯戲法」（《哲學研究》§412）。他所用的技法，又是促使我們考察傳統探討的基礎，並揭穿作爲其根基的那些神話。維根斯坦在對我們的傳統思想方式進行批判的同時，繼續致力於表明，我們錯誤地通過精神現象的理論闡明去尋求的那種理解，可通過適當關注我們的心理學語言遊戲的獨特語法來獲得。

我們已經看到這種技法在關於理解概念的研究中起到的作用。維根斯坦對這一概念的研究的基本用意就是，把我們關注的中心從關於主體之內（要不在其心靈中，要不就在其大腦中）發生的東西沉思轉向這一概念的語法（即這一概念發揮功用的方式）就其所描述的那種狀態的性質所揭示的東西。當我們仔細考察這一概念的語法——亦即考察我們如何使用「我理解了」、「他理解了」——等這些詞時，我們發現，它完全不是以我們傾向於設想的方式發揮功用，亦即作爲在說話者聽到並理解一個詞時發生在他心靈之內的某個過程的名稱。我們企圖說出這一內在狀態在於什麼，這種努力毫無結果。而要對此加以彌補，不是靠構建出一種更爲精巧的解釋，而是要認識到這種理解狀態完全與關於內在狀態的圖象所暗示的不同。當我們觀察它實際發揮功用的情況時，我們就會看到，理解概念並不描述某種內在機制的確定狀態，而是依賴於它在其中被使用的獨特生活形式的背景才獲得其含義的。因此，「現在我理解了」或者「他正確地理解了」這些詞的用法，無關乎發生在說話者心靈中的內在過程，而關乎將說話者逐步融入其中並賦予其當前行動以特定意義的那種生活的結構。一方面維根斯坦的語法研究致力於揭示關於作爲一種心靈狀態——其本質需在一種關於這種狀態在於什麼的解釋中做出闡明——的理解的這幅圖象的空洞性。另一方面，它也表明，對於理解概念如何實際發揮功用的某種把握，何以能爲我們帶來某種滿足，而我們要是仍執迷不悟地企圖弄明白作爲我們語言能力之源泉的那種心靈狀態的話，就別指望獲得這種滿足。

在《哲學研究》§243中，對通過關於我們的心理學概念如何實際發揮功用的語法研究來反抗我們關於心理學現象之本質的錯誤圖象的這種關注，便成了維根斯坦評論的主導論題。他爲自己確定的任務就是：使我們意識到構成我們極爲豐富的心理學語言的衆多心理學概念的獨特而複雜的語法。像往常一樣，他也想利用這種新的意識，既去反對我們被引誘構造的錯誤圖象，又去表明正是通過關注我們概念的獨特語法，我們才得以理解這些概念所描述現象的本質。為便於解說，我把關於這些評論的討論分為兩部分。本章集中關注維根斯坦在《哲學研究》§243—275中關於私人性和私人語言的評論。下一章的話題是內在與外在，我將更廣泛地關注維根斯坦對心理學概念與行為之關係的進一步討論。這種劃分至少在某種程度上是人為的，因為維根斯坦的評論給出的是，關於我們的心理學語言遊戲的語法及由之表現出的誤解誘惑的某種連續的討論。這種討論主要是想克服維根斯坦所看出的這樣一種傾向：我們錯誤地應用關於作為一種內在與外在區分的心理過程與行為的區分的圖象。我所做的這種劃分突出了（我希望不致形成大大的誤導）這幅圖象的誤用對我們進行引導的方式，這種引導一方面造成我們過高估價內省在定義心理學概念時的作用，另一方面促使我們錯誤描述心理學概念與人類及動物行為模式之間的關係。

關於一種私人語言的觀念

維根斯坦關於哲學心理學的討論是從關於私人語言觀念的評論開始的，這些評論成了我們所熟悉的「維根斯坦的私人語言論證」。這無疑是維根斯坦後期哲學最受關注的方面，而且可將其視作維根斯坦對心靈哲學的最重要貢獻。有些人傾向於把這種論證作為有效的接受下來，認為它決定性地駁斥了笛卡兒哲學、古典經驗主義、現象主義以及關於知覺的感覺材料理論。拒斥這一論證的人爭辯說，一方面它所代表的不過是用於維護某種版本的邏輯行為主義的證實主義意義理論，另一方面它違背我們如下這種常識性直覺：心理學概念（例如，關於欲望和信念的）描述了在解釋主體的行爲時發揮著因果作用的內在狀態。本書不涉及由維根斯坦關於私人語言的評論所引起的聲勢浩大的論辯。本章主要是想準確解讀這些評論，並表明它們如何在維根斯坦的整個心理學哲學中發揮作用。以下對關於私人語言的評論的解釋並不把它們當成維根斯坦心理學哲學的基礎，而是當成使我們看清我們的心理學語言遊戲如何起作用的那一總體企圖中的一個小小的元素。由此引出的那種關於我們日常語言遊戲的觀點，遠不是一種邏輯行爲主義，而只是想揭示出這麼一點：我們關於內在與外在之區分的直覺，奠基於我們不同語言區域內的概念間的語法差別。

我們解釋維根斯坦關於私人語言的評論，要弄清楚的第一件事情就是：他談及一種「私人語言」時，心裡想到的是什麼。在《哲學研究》§243中，他這樣定義私人語言：在這種語言中「單詞……指稱只能爲說話者本人知道的東西；指稱他直接的私人感覺。所以，沒有別人可以理解這種語言」。私人語言觀念明顯是對照著我們的日常心理語言而引入的，而維根斯坦就此提出的問題是：我們是否可以設想這樣一種語言？然而，是什麼東西讓我們認爲可以設想這樣一種語言呢？爲幫助我們回答這一問題，從而專注於維根斯坦的評論所引出的爭端，我想先看一看威廉·詹姆斯的著作《心理學原理》中關於心理學語言的討論。維根斯坦對該書十分熟悉，並時常引用。

在探討心理學中錯誤產生的根源的上下文中，威廉·詹姆斯引入了關於一種理想的心理學語言的觀念，這種語言構成「一套用於描述主觀事實的特別語彙」。詹姆斯設想這種純粹的或理想的心理學語言和客觀世界沒有任何關聯，而只記錄或命名通過純粹的內省行為展示給一個主體的那些明白主觀狀態。在詹姆斯那裡，這種關於理想的或純粹的主觀性語言的觀念，並不涉及對笛卡兒式二元論的某種許諾，而只涉及有關意識的「純現象事實」之確實無誤的感覺，從而也涉及這樣的思想：內省乃是我們據以發現我們的心理學表達式所指稱的那些狀態和過程之本質的方法。因此，他相信，在心理學中「內省觀察乃是我們必須首先並一直依賴的東西」，因為正是通過內省，我們才「發現了意識狀態」（《心理學原理》詹姆斯，第一八五頁）。就是因為以為心理狀態的本質是通過內省知道的，詹姆斯才相信，純心理學語言是完全沒有任何客觀指稱的，其語詞直接關聯於由主體的內省行為所發現的東西。

就像我剛剛指出的，詹姆斯純粹基於內省行為而對一種理想心理學語言的討論，出現在他關於科學心理學中某些主要的錯誤根源的探討的上下文中。他抱怨說，我們日常的心理學語言「最初是由並非心理學家的人們創造出來的，而當今大多數人幾乎只使用關於外在事物的語彙」。例如，他就感覺語言的情形做出了如下的觀察結論：

確實，基本的感覺性質，如明亮、響亮、紅、藍、熱、冷，既可在客觀的意義上，又可在主觀的意義上被使用。它們代表外在性質，以及由這些外在性質引起的感覺。但是，客觀意義是初始的意義；而直到今天，我們在描述許多感覺時，依然不得不藉它們通常由之而來的那個對象之名。橙色、紫羅蘭香氣、奶酪味、雷鳴般的聲音、火燒般的刺痛，等等，只要想想這些，就知道我說的是什麼意思了。

（《心理學原理》，詹姆斯，第一九三頁）

問題是，我們日常的心理學語言的客觀性會引導我們，將更多的東西納入某一給定心靈狀態的本質之中，而這些東西是不能僅靠關於那一狀態的內省去保證的。因此，我們會在我們用以描述心靈狀態的那種語言的客觀性的鼓舞下，將必然爲「只能從內部意識到自身的」（同前書，第一九三至一九四頁）那種心靈狀態本身所缺乏的元素引入進來。詹姆斯警告說，我們一定不能受語言的誤導，「將（某個心靈狀態）與世界上其他事實間的外在的（亦即物理的）關係算在我們確定意識到的對象之列」（同前書，第一九六頁）。同樣，他還表達了這樣的擔憂：我們日常的心理學語言會引導我們忽略那些尚無名稱的心理學現象，而且，我們的語言會爲這些現象加上它們實際所沒有的某種秩序和結構。詹姆斯提出，能確保我們得到免除這些錯誤的心理學的那種純粹的主觀性語言，將是一種完全脫離事實的語言，同客觀世界沒有任何聯繫，其術語完全是基於內省加以定義的。

詹姆斯並未明確提出這樣的問題：這種純粹的主觀性語言——他爲缺少這種語言而感到痛惜——是否只能爲說這種語言的那個人所理解？不過，我認爲我們仍然可利用詹姆斯的討論，來集中關注由維根斯坦關於私人語言的評論所引出的核心問題。促使詹姆斯設定這種理想心理學語言的乃是他的這種感覺：正是通過內省我們才把握住了特殊心理狀態的本質。我們是以關於我們自身情況的內省知識爲基礎，去把握感覺、思想、影像等爲何物的——這種說法就是維根斯坦關於心理學哲學的評論的中心論題，而他關於私人語言的評論，可視作他對這幅圖象影響我們關於如何界定心理學概念的方式所做探討的開端。說內省是我們理解心理學概念必不可少的，是高度直觀的說法。如果心理學現象的本質——亦即將它們同物理學現象區分開來的東西——就在於它們擁有某個主觀的或現象學的方面，那麼一定只是通過內省我們便發現了這些現象的本質。拒絕內省乃是把握（譬如）一個感覺爲何物所必不可少的——這樣一個觀念似乎類似於拒絕感覺的獨特的主觀性質，從而也就模糊了心理的和物理的之間的區分。支撐著我們的這種感覺的——即正是通過內省或向內窺視我們才得以理解我們的心理學概念所指稱或描述的東西——並不是如此這般的二元論，而恰恰是如耐格爾所表達的這種思想：「要使一個機體（擁有）有意識的經驗就意味著……存在著某種看似那一機體的東西。」（〈當一隻蝙蝠的感覺是什麼？〉，內格爾，第一六六頁）

維根斯坦本人承認下述觀念的吸引力：我們通過觀察我們處在一個特定的心理狀態時發生在我們心靈中的事情，發現這一狀態是什麼。於是他寫道：

什麼是疼痛？我們被引誘去把當下的疼痛當作一個樣本。困擾著我們的，當然不是一個詞而是某個現象的性質。研究一個現象的性質，就是更仔細地去看。

（《維根斯坦關於心理學哲學的演講，一九四六至一九四七年》，第三、五頁）

不過，他又認爲我們這裡的直覺是錯誤的：內省或向內窺視並不提供一種我們據以把握一給定心理狀態之性質的手段。因此，「如果我傾向於研究我當下的頭痛以便清楚地理解關於感覺的哲學問題，這便表現出了一種根本的誤解」（《哲學研究》§314）。在我感覺痛，或者在我突然理解了一個詞時，把我的注意力向內轉向我內部發生的事情——這樣一個動作並不能告訴我一個感覺是什麼，或者理解在於什麼。維根斯坦並不是想否認內省是可能的，或者其結果會對我們有益，而只是想表明，內省並不是我們藉以發現感覺、思想、影像等爲何物的手段；它並不是定義心理學術語的手段：「內省從不能導向一個定義。它只能導向一個有關這名內省者的心理學陳述。」（《關於心理學哲學的評論》第一卷§212）

維根斯坦本人認爲，我們是通過描述「疼痛」或「思考」這樣一些詞來澄清感覺或思想的性質，這種看法顯然是和下述直覺背道而馳的：只有通過內省我們才能發現這些現象的本質。因此，說「什麼是一種感覺？」這一問題，是通過讓我們回想起「我們就現象所做出的那類陳述」（《哲學研究》§90）而得到回答的，是直接和下述思想相違背的：我們是通過集中注意在（比如）我疼痛時所主觀地發生的事情來弄清何謂一種感覺，或者來定義「感覺」這個概念的。所以，維根斯坦哲學目的的根本之點就在於，他向我們表明了：我們將內省描畫爲理解心理狀態之本質所必需的活動的那種自然傾向是根本錯誤的。詹姆斯以關於某種理想心理學語言（其術語是實指地定義的）的觀念爲手段去表達他對內省在心理學中的核心作用的許諾，而維根斯坦也像他一樣去探討關於這樣一種語言的觀念，以便表明關於內省可引出某個心理學術語的定義的觀念乃是一種幻覺。

我們日常的感覺語言

維根斯坦關於私人語言觀念的討論的一個顯著特徵是：在《哲學研究》§243中引入它之後，他隨即就丟開了它，並著手展開對我們日常感覺語言的語法研究。在《哲學研究》§244中，我們關於給感覺命名是怎麼回事的那幅一開始有些模糊和過於簡單的圖象——「這裡似乎不存在任何問題：我們難道不是每天都在談論感覺，並賦予它們以名稱嗎？——被對下述情況的一種實在論解釋取而代之：我們利用孩子在其中弄傷了自己的那些情境，首先教會他用呼喊，然後再教會他用語詞，去表達自己的疼痛：「一個孩子弄傷了自己並哭了起來；跟著，大人們就和他說道說道，並教會他呼喊，隨後又教會他用句子呼叫。他們教給孩子以新的疼痛行爲。」在觀察我們如何教孩子「疼痛」一詞時，維根斯坦就已經在把我們的注意力引向以下事實了：我們教授這個詞的用法時從未試圖把孩子的注意力向他內心裡去引導。寧可說，我們是在訓練孩子運用一種語言技法，這種技法使他不僅能以哭聲和呼喊聲，而且能以清晰的語言表達他所感覺到的東西。這樣，我們便已開始看到，內省在我們所接受的感覺語詞訓練中不起任何作用；學會疼痛是什麼——「疼痛」一詞意指什麼——並不依賴某個「向內窺視」或「集中注意我內部發生的事情」的過程。關於私人語言的評論，是關於內省在定義心理學術語中作用研究的繼續，不過，在著手這一主題之前，維根斯坦又把關於我們日常感覺語言之語法的探究向前推進了一點。

在《哲學研究》§244的末尾，維根斯坦的對話者試圖對他關於我們會如何教孩子「疼痛」

一詞的觀察見解做了這樣的注解：「『你是說，「疼痛」一詞實際意指哭叫？』」如果「疼痛」一詞不是通過某種內在的實指定義而引入的，那麼孩子所感覺到的東西肯定不是其意義的一部分。「疼痛」一詞的意義只同外化行爲相關。維根斯坦對上面那種想法做了這樣的回答：「完全相反：疼痛的字面表達取代哭叫，卻並不描述它。」應當把這種回答理解爲關於「疼痛」一詞的語法的評論，亦即理解爲對由「我疼痛」這些詞的用法所表現出那類技法的描述。這些詞與孩子感覺到的東西聯起來，是通過他學會將它們用做一種表達他的感覺的技法。將「我疼痛」這些詞和所感覺到的東西聯繫起來，勿需任何內在實指定義動作；這種聯繫是由這一概念的語法來保障的，所憑據的是這個事實：他被用做表達所感覺到的東西的一種新手段。「疼痛」一詞和主體感覺到的東西之間的聯繫，不是靠孩子學習這個詞時往什麼地方看而得到的，而是靠他正被教授的這一概念的語法才得到的。因此，維根斯坦表明正是心理學概念的獨特語法，揭示了所描述現象之性質的企圖和他要我們擺脫關於心理現象通過內省而被知道的直覺的企圖，可謂相得益彰。

這一主題在緊隨《哲學研究》§244的那些評論中被繼續探討下去。維根斯坦在《哲學研究》§246中直截了當地提出了感覺的私人性問題：「我的感覺在何種意義上是私人的？」顯然，我們可以在某種意義上說疼痛是私人的，例如，我們要在疼痛和哭叫之間做出區分；我們要說疼痛在某種意義上是私人的，而哭叫在這種意義上不是私人的。維根斯坦明顯接受我們這裡想做出的區分，但他認爲，我們被誘惑去以錯誤的方式解釋它。我們傾向於依據一幅關於只有感覺到疼痛的主體才可接受的一個對象的圖象來理解疼痛的相對私人性：另一個人可以看見哭叫，但只有疼痛的人才能看見這個疼痛。於是：「只有我才能知道我是否疼痛，另一個人只能猜測。」維根斯坦反對以這種方式表達這種區分，理由是：它完全與我們日常使用「知道」和「疼痛」這些詞的方式相衝突。如果想一想我們平常是怎樣使用這些詞的，就可看出，我從不被說成是知道我的疼痛——我只是有疼痛——而且人們通常確實知道另一個人的疼痛。企圖依據某主體對其感覺的獨此一途的接近來對待疼痛與哭叫的區分，將會導致我們說出某種在任何別的時刻會被當成廢話的東西。這種區分無疑是個眞正的區分，但這顯然不是做出這種區分的方式。

我們剛才試圖理解爲對象類型——私人的（唯有這個主體才可接近）對公共的（每個人都可接近）——之間的質的差異那種區分，維根斯坦現在將其當作兩類概念之間的語法差異。我們在說疼痛是私人的時想做出的那種區分，需根據疼痛這個概念和（比如）哭叫這個概念之間的語法區分加以理解。這一語法區分中的一個重要因素，在於表徵前一概念的用法的某種獨特不對稱性。這樣，疼痛這個概念的第一人稱用法，便以多種方式背離了這一概念的第三人稱用法。例如，「我疼痛」這些詞表達了疼痛，而「她疼痛」則沒有；不可以說我獲知了我的疼痛，卻可以這樣說他人；其他人可以懷疑我是眞的疼痛還是在裝痛，而說我懷疑這一點是沒有意思的等等。維根斯坦的目標之一，便是促使我們接受這一點：我們感覺概念的語法的這種複雜性，並非某種需要解釋的東西——例如，參照這樣的事實：疼痛是這樣一種東西，就自己的情形而言我們直接（通過內省）知道它，而就他人的情形而言我們間接地知道它——而是某種本身就標示了感覺與行爲之根本區分的東西。我們企圖以「疼痛是私人的」這些詞標示出的這種區分，並非對象類型之間的某種被知覺到的、質的差異，而是感覺概念與行爲概念之間的某種語法區分，其本身便揭示出，我們不得不面對兩種十分不同的東西。我們就是通過不同類概念之間的語法差異，來區分我們概念所描述的不同類事物：「本質是由語法表達的。」（《哲學研究》§371）

所以，「感覺是私人的」或者「只有你才能知道你是否有那個意向」這些詞，應被理解爲語法評論：「『感覺是私人的』這個命題可比作『一個人自己玩單人紙牌』。」（《哲學研究》§248）我們發現，在向某人解釋「疼痛」或「意向」這些詞的意義時，我們會說出這些東西，以作爲消除某些混亂的手段。那樣的話，我們的話語是想說出某種關於「疼痛」和「意向」這些詞如何被使用的東西，或者關於它們的用法如何區別於（比如）「哭叫」或「跳舞」這些詞的用法的東西：「你並不這樣說牙痛：它是內在的。你拿呻吟和牙痛與『外在的』和『內在的』相比。」（《哲學大事記：一九一二至一九五一年》，第三四七頁）「私人的」、「內在的」、「隱藏的」這樣一些表達式，全都企圖把捉這種獨特的語法，因而可視作在我們的心理學語言遊戲同關於物理學描述的語言遊戲之間標出了一道界線。維根斯坦並不想否認這些圖象的貼切性，但他的總體目標是讓我們認識到，想藉它們捕捉到的那種區分根本上是一種語法的區分。於是：

> （心理學語言）遊戲的不對稱性，是通過說內在的東西是對另一個人隱藏著而突顯出來的。這種語言遊戲顯然有這麼一個方面，它讓人想到「是私人的或隱藏著的」這個

觀念。

我想說的當然就是，內在的東西在其邏輯上區別於外在的東西。而那種邏輯確實解釋了「內在的東西」這一表達式，使之成為可理解的。

（《關於心理學哲學的最後著述》第二卷，第三六、六二頁）

不過，仍然存在著這樣的誘惑：抵制維根斯坦讓我們滿足於作爲（比如）感覺與行爲的區分之基礎的語法的企圖，並在事物本身的固有屬性中尋找一種關於語法差異的更深刻解釋。維根斯坦的對話者在《哲學研究》§253一開頭表達的就是這個意思，即疼痛這個概念反映了疼痛是一個私人對象這一事實：「『另一個人不可能有我的疼痛。』」對話者這裡將疼痛呈現爲只是具有它的那個人所擁有，而且只能被他所接近的某種東西，以及他只是通過將其注意力向內轉向只有他能知覺到的東西便可識別或知道的某種東西。維根斯坦以這樣的問題對這幅圖象做出回應：「哪些是我的疼痛？這裡有什麼可作爲同一性標準？」對話者怎麼知道哪些是他的疼痛呢？他能否僅僅依靠凝神關注他所感覺到的東西而知道這一點呢？但這並不能確立下一條同一性標準；它並不能確定向內窺視的動作應加以識別的是什麼。我們對用於疼痛的某條同一性標準的把握，依賴於我們對疼痛概念的用法的掌握，尤其是對「同一種疼痛」這一表達式用法的掌握。但是，這些詞的日常用法，並沒有爲對話者的話企圖在「我的疼痛」和「他的疼痛」之間做出的那類區分提供任何準備。「另一個人不可能有我的疼痛」這句話，試圖在那些於質上類似（我的疼痛類似於他的疼痛），卻在數字上不同（我的疼痛不同於他的疼痛）的疼痛之間做出一種區分；如此一來，它便將「疼痛」一詞的語法與「椅子」一詞的語法同等對待了，而就後者而言，我們確實可以理解「一把類似的椅子」和「同一把椅子」之間的區分。然而，我們一觀察這些概念實際如何被使用，便可看出，從語法上講，它們是以完全不同的方式發揮作用的，因爲當我們談到人們感到疼痛、談到他們感到同樣的（亦即類似的）疼痛時，我們並不像識別和數椅子那樣去識別和數疼痛。我們談論疼痛，談論我今天有像昨天一樣的疼痛，談論我有和你一樣的疼痛，但所有這些談論的意義都依賴於用以確定「疼痛」一詞的語法的某個語言遊戲；而這種語法完全缺乏爲使對話者的話——「『另一個人不可能有我的疼痛』」——具有意義所需的那種結構。沒有任何獨立於這種語言遊戲的東西——沒有任何僅僅通過向內窺視所確定的東西——可爲疼痛確立一條同一性標準。是通過使我們意識到我們是如何使用「疼痛」、「我的疼痛」、「他的疼痛」、「同一種疼痛」等詞的，我們才得以明確疼痛的同一性標準的，而不是通過向內窺視並說「就是這個（THIS）」。

緊接著《哲學研究》§243的那些評論就這樣表明了：正是疼痛這一概念的語法讓我們把握了疼痛是什麼，讓疼痛與哭叫之間的區分有了根據，而且把疼痛概念所描述的那類事物確定了下來。我們傾向於根據只有內省才可接近的東西與可爲所有人看見和知道的東西之間的區分，來解釋心理的東西與物理的東西之間的界線，這種傾向一再被表明只會導致廢話。不過，這條界線本身並未因爲這種失敗而受到威脅，因爲它是一條存在於我們概念的語法之中的一條界線。我們關於存在著疼痛與哭叫的某種本質差異的感覺表明，我們熟知這種語法差異，但還是需要提醒我們注意它。我們對於這種區分的把握使我們形成的、過分強調內省在理解心理學概念中的作用的傾向，一再引導我們去忽略這種語法區分，或者去假定它可用某種獨立的東西加以解釋。維根斯坦的語法探討這樣回擊了以一種將其本質地聯繫於內省的方式解釋感覺私人性的誘惑：促使我們去重新鑑別，作爲我們關於疼痛與哭叫之區分的直覺的眞正基礎的那些語法差異。所以，可把這些段落看作是，在內省和作爲我們把握疼痛是什麼或者將疼痛與疼痛行爲區分開的是什麼的一個源泉的語法之間，確立了一種根本的對立。維根斯坦在《哲學研究》§256中再次展開關於私人語言觀念的討論可如此加以理解：他要對這麼一種看法——是內省而不是感覺告訴了我們感覺是什麼——施加更大的壓力。

私人語言論證

維根斯坦是這樣再度引入私人語言觀念的：

那麼，描述我的內在經驗且只有我自己才能理解的那種語言如何呢？我怎麼用語詞代表我的感覺？——像我們平常所做的那樣？那麼我說的話就和我表達感覺的自然方式牢固地聯繫在一起了？要是那樣的話，我的語言就不是「私人的」了。另外一個人也可以像我一樣地理解它。——但是，假定我沒有任何自然方式來表達這種感覺，而只是具有這種感覺？我現在就只是把名稱和感覺聯繫起來，並在描述中使用這些名稱。

（《哲學研究》§256）

初看之下，如下這一觀念似乎沒有任何問題：「我就只是把名稱和感覺聯繫起來，並在描述中使用這些名稱。」可是，我們這裡想到的是什麼呢？難道我們不是這樣想的：這一名稱的語法——該名稱如何被使用——可由這一簡單的「聯繫」動作以某種方式固定下來，從而當我通過將該名稱「聯繫」於這個感覺而引入它時，我想用這個名稱命名的是什麼，就已經很清楚了。這裡表達出的，不只是維根斯坦在《哲學研究》開頭幾個段落所討論的那幅關於命名是怎麼回事的過於簡單的圖象，而且還有如下這種十分獨特的觀念：我僅僅通過向內窺視並為我在那裡發現的東西貼上一個標籤，就可得到關於一種感覺是什麼的知識——就可定義一個心理學表達式。所以，關於私人語言的評論所關注的問題就是：假定心理學術語可這樣只以內省為基礎加以定義，是不是有意義？

在《哲學研究》§257的開頭，維根斯坦既提出了這樣的問題：「假如人們不表現出任何外化的疼痛標記（不呻吟、不作痛苦狀等等）會怎樣？」又同時給出了答案：「這樣的話，就不可能教孩子『牙痛』這個詞的用法。」這讓我們想到，我們既不應該用這個問題，也不應該用對它的回答去表達維根斯坦的欲行治療的聲音。確切地說，我們應把這些詞視作表達了對話者的這種感覺：在除去我們日常用於談論疼痛的、與疼痛的自然表達密不可分的技法之後，牙痛概念並沒有被剝奪掉意義，只是不再可能把它教給某個人而已。如果我們認為，可以獨立於我們對日常談論疼痛的技法的把握，只以內省為基礎而得到關於疼痛是什麼的觀念的話，那麼我們無法教某人這些詞的用法這一事實，對於他定義它們的能力而言只是偶然發生的。他只需向內窺視並將這個詞與適當的感覺「聯繫」起來。因此，我們可以假定「這個孩子是個天才，自己可以爲這種感覺創造出一個名稱來」（《哲學研究》§257）。

當維根斯坦著手探討「可是說（這個孩子）『命名了他的疼痛』是什麼意思呢？」這個問題時，他認爲這一觀念的問題就在於，少了可用於確定孩子命名的是什麼的一種語法。我們設想，這名天才兒童只需把他內心的注意力轉向他感覺到的東西，並對自己重複著「我將稱它爲『牙痛』」這些詞，可是，這種把注意力向內轉的動作何以能確立一條同一性標準呢？這樣一來：

> （這個孩子）何以完成了這種對疼痛的命名呢？而無論他做了什麼，其目的何在？——誰要是說「他給了他的感覺一個名稱」，那麼此人卻忘了這一點：單單這個命名的動作要有意義的話，得預先假定語言中的許許多多場景設置。而當我們說到某人賦予了疼痛以名稱時，預先假定的就是「疼痛」這個詞的語法存在；它標明了這個新詞所駐守的崗位。
>
> （《哲學研究》§257）

所以，私人語言觀念迫使我們關注的，就是有關我們以內省爲基礎，把握一個感覺的觀念的兩個事實寓意如下：第一，命名的動作預先假定了一種語法，或者在某個語言遊戲內使用一個詞的技法；第二，單單向內窺視的動作並不提供這種語法或者確定某種使用技法。

在《哲學研究》§258中，維根斯坦舉了這樣一個例子：我把某種感覺同「S」這個記號聯繫起來，以便將它的重複出現記在日記裡。他再次設想，我引入「S」只是通過「說出或寫下這個記號，並同時……把我的注意力集中在這種感覺上——這樣便似乎向內指著它」。而他現在要問：這種向內窺視並念叨這一記號的儀式是要幹什麼？它如何去爲「S」確立某種意義？他繼續寫道：

> 嗯，那正是透過集中我的注意力做到的，因為我以這種方式使自己對這個記號和這種感覺的聯繫留下印象。但是，「我使自己對它留下印象」只能意味著：這一過程使得我將來正確地記得這種聯繫。可是，在當下情形中我卻沒有正確性的標準。某人會說：凡是將會讓我以為是正確的東西就是正確的。而這只意味著，我們這裡無法談論「正確」。

這段話一般被當作私人語言論證的關鍵點。這裡我們得到了這樣的證明：這種私人語言的使用者——姑且稱他爲「私人語言學家」——未能賦予「S」的意義。按一種一般性的解釋，《哲學研究》§258中的論證被表述如下：這名私人語言學家是通過將其聯繫於某個感覺而引入「S」的，但是，假如他將來使用「S」時最初的那種感覺不在了，便不會有任何東西可作爲這樣一個樣本，對「S」的未來使用可參照它得到辯護。這位私人語言學家將來所能依據的就只有他對這一感覺樣本的記憶了，可是，由於這種關於樣本的記憶，只有在其本身是樣本的正確記憶的情況下才可充當一個標準，所以不存在任何能爲「S」的未來使用提供辯護的非循環手段。因此，「我沒有正確性的標準」，就要解釋爲「我沒有非循環的、可用的正確性標準」，這就是爲什麼「凡是將會讓我以爲是正確的東西就是正確的」的原因，從而也就是爲什麼「談論『正確』是沒有意義的」原因。根據這種對《哲學研究》§258的解釋，「S」沒有意義，是因爲沒有什麼辦法確定「S」的未來使用是正確的。對於這種狀況的唯一補救措施，就是通過將其用法同公共的應用標準聯繫起來，爲「S」的用法提供某種形式的獨立檢驗。倒不是說「S」的第一人稱用法本身必須由這些公共標準加以指導，而是說，必須要有這樣一些公共的標準，主體在某一新情形下對「S」的應用可參照它們進行正確性檢驗。

按這種解釋，維根斯坦關於私人語言的評論旨在證明，一個心理學概念要有意義，有賴於它之擁有公共的應用標準。於是，諾爾曼·馬爾康姆在其關於《哲學研究》的評論中這樣寫道：「你一旦承認『私人實指定義』是站不住腳的，就會看出，必須得有（比如）確信感的某種行爲上的表現。必須得有他的話『我感覺到確信……』可參照予以檢驗的行爲。」（〈維根斯坦的《哲學研究》〉，馬爾康姆，第一一三頁）在這些引文中也可分辨出同樣的論點如下：

> 維根斯坦想要表明的並不是感覺語言像其餘的語言一樣本質上是被共同分享的，而是它在本質上是可共同分享的。
>
> （《維根斯坦：意義與心靈》第三卷，哈克，一九九〇年，第二一一頁）

（由私人語言論證）可以推知，任何真正（受規則主導的）語言，必定只指稱其出現可被公共地證實的事物和屬性：尤其是，要使有意義的感覺語詞成為可能，就必須得有判定感覺出現的公共標準。

（《維根斯坦論意義》，麥金，第四八至四九頁）

某種「內在過程」的自我歸與（是）沒有標準可循的；而在沒有外化標準的情況下，一個被假定代表「內在過程」的記號將不是受規則主導的。

（《維根斯坦的心理學哲學》，布德，第六一頁）

（維根斯坦表明）「私人」經驗和我們用於談論它的語言，事實上都不是私人的；要有關於疼痛、情緒等的表達式，就有而且必須有判定這些表達式應用的公共標準。

（《維根斯坦》，格雷林，第八六至八七頁）

正是這種解釋對於證明心理學概念必須擁有公共標準的強調，促使私人語言論證的批評者們爭辯說，這一論證不過是對邏輯行爲主義——亦即主張心理學概念的意義在於保證其歸與的公共標準觀點——的某種證實主義的辯護。因爲這一論證的整個意圖似乎就是迫使我們承認，心理學概念的意義就在於它們擁有公共的應用標準，概念的第一人稱使用可參照它們加以檢驗，而如果缺了它們，這種第一人稱用法就完全失去意義。維根斯坦的辯護者們當然沒有接受這種批評，不過，在這裡我不打算涉足這場爭論的細節，而只想指出維根斯坦的評論可用一種不同的方式進行解讀。我不把這些評論視作對心理學概念需要應用的行爲標準證明，而是將它們理解爲這樣一種企圖：表明我們無法僅僅通過內省，就得到關於某個給定的心理狀態是什麼的觀念。按這種讀解，這一論證的寓意並不是我們的心理學概念必須擁有公共標準，而是只有通過提醒我們自己注意我們日常心理學概念的語法，才能把握住某一給定類型的心理狀態的本質或屬性。這種讀解避免了任何這樣的說法：維根斯坦利用他關於私人語言的評論，提出了一種關於心理學概念必定如何發揮功用的行爲主義理論；這些評論對主張心理學概念可僅僅基於內省加以定義的觀念提出了批評；它們不是要用做關於情況必定如何的一種證明。我們的心理學概念與行爲之間的關係，乃是維根斯坦通過對我們的概念如何實際發揮功用進行語法研究而揭示出來的某種東西（下一章裡我們將看到這一點），而並不是他作爲意在確立情況必定如何的某個論證的結論而提出的某種東西。

我們再回到《哲學研究》§258，這一段落的開頭——「我們來設想如下的情形」——表明《哲學研究》§258是對《哲學研究》§257的一個評論。我們已看到，在那一段落裡維根斯坦指出，關於孩子「爲這一感覺創造了一個名稱」的觀念問題出在：沒有任何可確定他所引入名稱的語法東西（即是說，沒有任何東西可確定他所命名的東西是什麼）。這表明「在當下情形中我們沒有正確性的標準」，應解讀如下：當「我說出或寫下這個記號，並同時將我的注意力集中到這一感覺上」時，我並未因此確定使用「S」的某種語言技法（亦即某種語法）。不存在任何可當作「S」在未來的某種正確用法的東西，因爲不存在任何由我向內窺視並集中注意所感覺到的東西的動作所確定的使用「S」的語言技法。這裡的問題並不是「S」指稱某種被

（可被）內省到的東西，而是這位私人語言學家試圖僅通過內省動作，亦即通過「集中注意這種感覺——從而向內指著它」（《哲學研究》§218）而確定「S」指稱什麼。和《哲學研究》§257一樣，維根斯坦這裡也是強調，僅僅通過向內窺視並說出一個詞，不可能賦予某種感覺以名稱——不可能確定一個感覺是什麼；把注意力向內轉並說出「S」，並不成其爲一種下定義的方式。按這種解釋，《哲學研究》§258中顯然沒有任何東西會暗示，語言無法與內在的東西相關聯；這一評論的全部要點就在於，語法無法基於內省動作與內在的東西相關聯：「內省永遠不會導向一個定義。」（《關於心理學哲學的評論》第一卷§212）

對《哲學研究》§258的這種讀解，從《哲學研究》§260—262中得到相當大的支持。這些段落加強了這種論點：沒有任何東西可確定「S」的語法，或者確定這名私人語言學家試圖引入的那種語言技法的性質。緊隨《哲學研究》§258之後的那些段落中所強調的，乃是「S」的語法的缺乏，而不是對其未來用法的某種獨立檢驗的缺乏。因此，《哲學研究》§260中的「一條紀錄具有某種功用，而這個『S』到現在爲止還沒有」這句話強調的是這個事實：「S」缺少一種用法；也就是說，沒有什麼東西能確定，當這位私人語言學家在他的日記裡寫下「S」時，這條紀錄記下的是什麼東西。「S」沒有被聯繫於任何一種語言技法，從而沒有什麼東西「表明這一新詞所駐守的崗位」，也沒有什麼東西可用於確定「S」的意義。同樣的論點又在《哲學研究》§262中被重新提到：

> 可以這麼說：假如你為自己提供一個關於某個詞的私人定義，那麼你就必須內在地著

手以如此這般的方式使用這個詞。你如何著手去做這件事呢？是不是得假定，你創造了使用該詞的技法；或者你發覺它是現成的？

《哲學研究》§261還進一步強調了這種觀念：關於私人語言的評論所關注的，是我們語言技法的語法和純粹內省之間的對立，這種對立是把握心理學表達式意指或指稱什麼需依據的一個來源。在這裡，維根斯坦問我們有什麼理由稱「S」爲某種感覺的記號。他接著寫道：

因為「感覺」是我們共同語言中的一個詞，而不是只有我才理解的一種語言中的一個詞。所以，這個詞的用法需要一種為每個人所理解的辯護。

下述這種讀解是很有誘惑力的：這段話堅持認爲，把「S」描述爲某種感覺的名稱，要求「S」的某種特定用法可參照公共標準加以辯護（「一種爲每個人所理解的辯護」）。然而，這裡的上下文清楚地表明，《哲學研究》§261所討論的，並不是「S」的某種特定應用的辯護問題，而是我們爲稱「S」爲某種感覺的記號所做的辯護。感覺概念是藉助我們日常談論感覺的技法加以定義的，而如果我們要被證明，在稱「S」爲關於感覺的一個概念時是正當的，那麼就需要表明「S」構成了這種類型的一個技法。這位私人語言學家僅僅依據他的內省動作向我們保證，他是在命名一種感覺是不夠的，因爲作爲某種感覺的一個名稱，意味著作爲某個特定的類的一個概念，亦即具備某種特定的用法或語法。只有通過表明「S」具備某個感覺概念的獨特用法，我們才能證明稱「S」爲某一概念的名稱是正當的。但是，只要這位私人語言學家，只是通過把他的注意力向內轉並且說出「S」而確立名稱與對象的關聯的，那麼便不可能存在爲下述主張做辯護的問題：「S」通過參照它之擁有我們的感覺概念所表徵的那種獨特用法而得以命名一種感覺。因爲，「S」並不與我們談論感覺的那些既定技法有任何關聯——這乃是關於這一事例的描述的一部分。事實上，只要假定「S」純粹只是基於向內窺視並說出一個詞而被引入的，那麼便不存在對任何關於「S」的描述進行辯護的問題，這類描述將其功用等同於我們日常語言技法中的某一種，而所有這些技法都擁有某種獨特的用法，這種用法是「S」憑其定義就無法與之符合的。這麼一來，如果我們企圖說出「S」指稱哪一類事物的話，我們「就到了這樣的境地，在那當下，（我們）就只是嘟噥一聲」（《哲學研究》§261）。但是，假如這種聲音並不與某種特定的語言技法相聯繫的話，它就只是伴隨著最初那個向內窺視的動作：我們依然弄不清楚「S」要命名的究竟是什麼東西。

將維根斯坦關於私人語言的評論當成關於心理學概念必須擁有應用的公共標準的某種證明的人，傾向於認爲，整個《哲學研究》§243—315都是就私人語言對公共語言的問題所做的、多少帶有連續性的討論。如果我們把維根斯坦的評論的總體目的看作對我們日常語言遊戲之語法的研究，並且把關於私人語言的評論看作僅僅關注於純粹內省動作在定義心理學術語中的可能作用的問題的話，那麼將《哲學研究》§262看作維根斯坦關於私人語言話題的討論的終點就更爲自然了。這樣的話，《哲學研究》§263就要理解爲做了論題的轉換。這裡不再考慮，我們是否可以純粹以內省爲基礎定義一個感覺詞語（把握一個感覺是什麼）的問題，而是提出這樣一個更爲一般的問題：一個被內省的感覺樣本或者一個私人的實指定義，在定義我們的日常感覺語詞時發揮什麼樣的作用？

因此，維根斯坦在《哲學研究》§263中使用「疼痛」的例子而不是「S」的例子，這一事實表明：他的討論不再只關注我們是否可以設想一種關於感覺的私人語言的問題，而是進一步拓寬到了私人實指定義在我們掌握日常感覺語言時能否發揮的作用問題。關於私人語言觀念的討論已經揭露出了關於以內省爲基礎定義感覺語詞的觀念的弱點，維根斯坦現在把這種批判加以拓展，表明：即便是在概念的語法已清楚地表明由（比如）「疼痛」一詞所指稱的乃是一種感覺的情形中，內省——向內窺視並集中注意你所感覺到的東西——也發揮不了任何作用。這樣，《哲學研究》§256—262就要被視作一種在更廣泛的討論中的某種類似於旁白的東西，而這種討論旨在清楚地把握內省在我們得以理解我們日常心理學概念中的作用；關於私人語言的評論生動地描繪了這樣的事實：一個表達式無法僅憑某個內省動作加以定義。這表明，關於私人語言的評論不應視作維根斯坦心理學哲學的基礎，而只應視作對內省所做的批判中的一個要素，而這種批判是和維根斯坦的一般哲學方法相一致的，主要建基於對我們日常語言遊戲的某種語法研究。

私人實指定義在我們日常感覺語言中的作用

在《哲學研究》§263中，維根斯坦這樣寫道：

「但是我可以（內在地）著手在將來稱這個（THIS）為『疼痛』。」——「可是，你確實已著手這樣做了嗎？你能確定，要達此目的只需將你的注意力集中於你的感覺就夠了嗎？」——一個奇怪的問題。

引號的使用讓人覺得，我們應把這段話理解為包含著三種不同的聲音：兩個不同的對話者的聲音和維根斯坦的欲行治療的聲音。所提出的兩個問題出現在引號內這一事實表明，它們都包含著某種誤解。但是，維根斯坦為什麼把第二個對話者提出的那個問題稱作一個「奇怪的問題」呢？是不是因為這兩個問題就像它們之前的那個斷言一樣，未能找出「把你的注意力集中到你的感覺上」這些詞，在這一上下文可能意指的東西？尚未掌握疼痛概念的某個人如何知道他應將其注意力集中於其上的是什麼東西呢？這裡所引出的問題是：「把你的注意力集中到你的感覺上」，在我們得以把握我們日常的「疼痛」一詞的意義中，發揮什麼樣的作用？有一種極大的誘惑促使我們認為，我們是基於有某種我通過集中注意我們的感覺而在我們心靈中確定下來的疼痛樣本或標本提供給我們，才理解了「疼痛」一詞的意義。因為「一旦你知道了這個詞代表什麼，你理解了它，你就知道了它的整個用法」（《哲學研究》§264）。即使內省本身無法確定一個感覺是什麼（無法定義一個指稱感覺的表達式），我們仍會被誘惑去認爲，當我們擁有一種感覺語言時，內省在我們得以理解這種語言的概念時發揮著關鍵的作用。因此，「在我們看來，似乎……指導者將意義透露給了學童——沒有直接告訴他；但是，這名學童最終還是被引導到這個地步：他對自己給出正確的實指定義」（《哲學研究》§362）。

在《哲學研究》§265中，維根斯坦開始攻擊這種概念：內省或私人實指定義在定義我們日常感覺概念時起著某種作用。他引入了如下這種類比：

我們來設想一份只在我們的想像中存在的對照表（類似於一本字典的東西）。一本字典可用來證明用Y這個詞來翻譯X這個詞是正確的。可是，如果這份對照表只能在想像中查閱，這還能叫一種辯護嗎？——「嗯，是的，這麼一來它就是一種主觀辯護。」但是，辯護在於訴求於某種獨立的東西。——「但我確實可以由一種記憶訴求到另一種記憶。例如，我不知道某次列車的發車時間記得準不準，為加以核對，我回想了一下對刻表的某一頁是怎麼寫的。這難道不是一樣的嗎？」——不是的，因為這個過程必須要產生出實際上正確的記憶。如果時刻表的精神影像本身的正確性得不到檢驗，它又如何能去驗證第一個記憶的正確性呢？（就好比有個人把同樣的晨報買來好幾份，讓自己確信那上面的報導屬實。）

在想像中查閱一份對照表，並不就是查閱一份對照表，一如關於一次想像中的實驗的結果的影像，並不就是一次實驗的結果。

在構造這個類比時，維根斯坦不再關注是否可能有私人語言這種東西的問題，而是將注意力轉向了這樣的問題：把我們日常的疼痛概念教給某人是否包含著，間接地把他引導到自己給出正確實指定義的地步？維根斯坦想要表明的是，下述觀念存在根本性的問題：一名說話者是基於他之擁有其本人的私人疼痛樣本，或者基於他之私人地向自己展示疼痛是什麼，而得以理解「疼痛」這個詞的。當我們試圖以這種方式去應用指物或展示的概念，或者一個樣本或一個標本的概念時，我們是在設想「在我們的想像中」所做的一種指物活動，或者我們「以我們的想像力」指著的一個樣本。困難在於，當我們把指物理解爲我們（比如）用一根指頭做出的動作時，並且當我們對於在這種情形下被指著的是什麼擁有清晰的（儘管是複雜的）標準時，我們卻沒有把握到「內在地」或者「用想像力」指著某種東西是怎麼回事。按《哲學研究》§265最後一段可作這樣的類推：在想像中指著某物並不就是指著某物，一如關於實指地定義一個詞的影像也並不就是關於它的一個實指定義。

並不是說，能指著適當的樣本，並非我們對疼痛概念的把握的一部分，而是說，像「紅」、「方」或「桌子」這樣一些樣本，得是我們用手指指著的樣本。例如，在教一個孩子「疼痛」這個詞時，我完全可以拿來一幅圖畫來，指著或者讓他指著畫面上的一個遭受疼痛的人。因此，「我可以展示疼痛，一如我展示紅色，展示筆直和彎曲的樹以及各種石頭。——這便是我們所稱的『展示』」（《哲學研究》§313）。在所有這些進行展示的情形中，被展示的東西都依賴於圍繞著指物動作而進行的話語使用；正是我們通常使用「疼痛」一詞的方式決定，我在說「這是一個正遭受疼痛的人」時指著的，是某個正在經受其一特定感覺的人的例子。所以，維根斯坦並不是想說，「疼痛」這個詞有任何特別或奇特之處。奇特的是，我們在做哲學時弄出的這麼一種觀念：我們對「疼痛」一詞的意義的把握使我們陷進了一種不同類型的「展示」，這類展示不是用手指而是「用想像力」來進行。

爲使我們看清「以想像力指著一個樣本」，並非指著一個樣本這一動作的實例，維根斯坦還做了許多別的比較。我們不要說在想像中查閱一份對照表，就是查閱一份對照表。也不要說想像出來的一次實驗的結果，就是一次實驗的結果。我們也不要說在想像中看錶，是確定時間的一種方式。在想像中證明一座橋梁的規模選擇是合理的，也並不是證明規模選擇合理的一種方式。在所有這些情形中我們都可以看到，儘管有某件事情毫無疑問地發生著，但發生著的事情並不構成執行想像到的行動的一個實例。同樣，用想像力（或在想像中）指著一個對象，並不是指著一個對象這一動作的一個實例。查閱一份對照表，得到一次實驗的結果，證明一座橋梁的規模選擇是合理的，指著一種顏色、一種形狀、一類對象、一種情緒的一個實例……等，所有這些都是行動的形式。坐著不動，想像某種東西或者對自己說說某種東西，這並不是做這些事情的一種別樣的方式，而最多不過是一種想像著做它們的方式。因此，說在想像中指著一個樣本是指著一個樣本這一動作的一個實例，完全是空洞無益的。某人試圖用他的想像力指著某物時所實際發生的事情不過是：他站在那裡一動不動，拋出（pull）一種奇怪的表達。

在《哲學研究》§268中，維根斯坦繼續探討，我們把注意力向內轉的動作，在我們得以理解感覺語詞的意義時，是否起到任何作用：

我的右手為什麼不能給我的左手錢？——我的右手可以把錢放到左手中。我的右手可以寫一個饋贈契約，而我的左手可以寫一張收條。——但是，接下來的實際結果，可就不是一次饋贈的結果了。當左手從右手那裡接過錢，又履行了一些手續之後，我們就要問了：「就算這樣，那又怎麼樣呢？」如果有個人給了自己關於一個詞的私人定義，我們也可以這麼去問他：我是說，如果他對自己說了一個詞並同時把注意力指向一個感覺的話。

他試圖讓我們看清的是，我們受誘惑是被認爲對我們理解「疼痛」一詞至關重要的向內窺視動作，事實上，無論對於獲取還是展示我們對這一概念的把握都毫無用處。對於掌握疼痛概念眞正重要的，乃是根據我們的日常實踐使用相關表達式的能力。問題是：我在將我的注意力指向在我內部發生的事情時，說出「疼痛」一詞——這樣一個儀式如何同這種能力聯繫起來？可不可以說：我在凝神定氣並「把注意力向內指」時所做的事情，就是給「疼痛」這個詞下了個定義？假如有個人做了這個「私人定義」的動作，我們難道不照樣要問「就算這樣，那又怎麼樣呢？」，因爲我們仍不知道，這名說話者是否理解了「疼痛」一詞，亦即他是否掌握了根據我們的日常實踐使用這個詞的技法。在我們做哲學時顯得如此重要的私人定義動作，卻和我們用於判定疼痛概念被掌握與否的日常標準沒有任何關係；這種儀式的履行不能帶給我們有關這名說話者是否理解這一概念的任何信息。

在《哲學研究》§270中，維根斯坦再次引入了在日記中記下某個特定的感覺「S」的每次出現的那個人的例子，只是這回他設想，「S」的使用是同這名說話者測出他的血壓在升高聯繫起來的。問題是：辨識出被內省爲「又是同樣的東西」的那一私人動作，在這一語言遊戲中發揮著什麼作用？爲使我們看清它不起任何作用，維根斯坦要我們設想，這種私人的辨識模式偏離了這名說話者將血壓升高歸於自己的那種公共實踐。關鍵點並不是「S」的意義全在於它與血壓升高的聯繫，而是它的意義是由它在這個語言遊戲中的用法得來的，而並非得自它同任何由「把注意力向內轉」而辨識出來的東西的聯繫。確定「S」是否命名了一種感覺，並非去揣度一名說話者使用「S」時在他內部正發生著什麼事情，也不是去沉思他定義「S」時所內在地指著的是什麼樣一類對象，而是以「S」被使用的那種方式去辨別感覺語詞各自的語法：

「我們這裡稱『S』爲一種感覺的名稱，理由何在？或許就在於這一記號在這種語言遊戲中被使用的那樣一種方式。」（《哲學研究》§270）例如，能爲我們稱「S」爲一種感覺的名稱做辯護的乃是這樣的事實：「S」展示了第一人稱用法與第三人稱用法之間特有的那種不對稱性；關於綿延和強度的問題是有意義的；矯揉造作情況的出現是可能的……等。同樣，「S」是否命名了某個特定的感覺類型——亦即每次都相同的那一類型——的問題，並不依賴於關於這名說話者內部隱密發生的事情之某個假說爲眞，而只依賴於這種語言的語法：「嗯，我們難道不是假定我們每次都寫下『S』嗎？」（《哲學研究》§270）維根斯坦在別處以如下方式表達了同樣的論點：

我們有時設想，彷彿有許多不同的東西裝在一個盒子內——顏色、聲音、疼痛。但是，在我自身之內做出指物動作，並且說「我有這個」，是沒有任何意義的。「我傾向於說」疼痛是一種感覺——但是，我無法憑據一個盒子裡所裝的內容——顏色、聲音、疼痛——之間的顯而易見的相似性，來證明這種說法是正確的。相似性必定在這個概念中。

（《維根斯坦關於心理學哲學的演講，一九四六至一九四七年》，第六二頁）

在《哲學研究》§271中，維根斯坦這樣寫道：

「設想有這麼一個人，他無法記牢『疼痛』一詞意指的是什麼——所以他總是用這一名稱去稱呼不同的東西——卻仍然以一種符合於疼痛的通常症狀和預設的方式使用這個」——總之，他像我們所有人一樣使用它。這裡我想說：一個可以被驅動卻並不帶動別的東西運轉的輪子；並不是這個機械裝置的一部分。

前面對《哲學研究》§263—270的那種讀解，讓我們不再會被誘惑去把這段話理解爲對邏輯行爲主義的心照不宣的認可。維根斯坦這裡提出的論點只是：我們的疼痛概念的統一性——它對於不同的說話者，在不同的時間內，均意指同樣的東西——並不依賴於我們每個人都正確地將處在某個私人空間中的對象，辨識爲「又是同樣的東西」；我們的疼痛概念用做某一特定類型感覺的名稱，僅當存在著這麼一種穩定的、統一的語言遊戲，「疼痛」一詞在其中被使用，並例示著一個感覺概念的獨特語法。維根斯坦並未荒唐地主張，一名說話者的感覺同我們的疼痛概念毫無關係；「疼痛」一詞描述了說話者感覺到的東西——這一事實乃是由這一概念的獨特語法揭示出來的。確切地說，不存在任何獨立於這種語法的東西，用於確定我們用「疼痛」這個詞所意指的東西，而且不存在任何超出我們全都以同樣的方式使用這個詞的東西來構成我們之以它意指同樣的東西。對話者所描述的那種情景是虛幻的，因爲「疼痛」一詞意指的東西，並不是由向內窺視並辨識出「又是同樣的東西」的說話者確定下來的，而是由它在我們語言遊戲中的用法、由我們所有人使用它的方式確定下來的。

在接下來的一些段落中，維根斯坦著力讓我們擺脫如下幻覺：我們對心理學概念的理解，依賴於將我們的注意力集中於內心發生的事情上：「彷彿我說出這個詞時側視著那種私人感覺，像是要對自己說：我完全知道我用它意指的東西。」（《哲學研究》§274）我們來考慮一下顏色概念的情形。在哲學的範圍之外，我們絕不會想到，我們是基於「向內指」，而知道「紅色」一詞意指什麼的，或者「你眞的不應當用你的手，而應當用你的注意力指著顏色（想一想『用注意力指著某種東西』是什麼意思）」（《哲學研究》§275）。

通常情況下，我們從不會想到，除了「紅色」一詞的公共用法之外，還有一個私人實指定義的動作告訴我，我用這個詞眞正意指的是什麼；只有在我們做哲學時才似乎是必不可少的這種私人動作，根本就不是我們日常語言遊戲的一部分。不只如此，我還看出，這種私人動作對於把握我們的日常語言技法，也沒有任何用處。假如有人說「我把這個稱作『疼痛』」，或者「我把這個稱作『綠色』」，並同時將他的注意力向內指，我們就要問；「就算這樣，那又怎麼樣呢？」這些儀式並不能向我們表明，他掌握了疼痛或綠色的概念；知道「疼痛」或「綠色」這些詞意指什麼，只在於根據我們的日常語言遊戲去使用它們的那種能力。這些概念所描述的屬性的獨特本性，並非得自我們在定義這些詞時向內窺視這樣一個事實，而是得自我們在掌握它們時所學會的那種技法的獨特本性。我錯誤地企圖通過私人展示的幻覺去把握的東西，已完全通過我們概念的語法得到了。

我在本章中考察的《哲學研究》§243—275的所有評論的主題是：第一，內省在定義心理學概念時不起任何作用；第二，心理狀態與行爲之間的區分——訴諸內省就是要把捉到這種區分——乃是一種語法區分，而通過細心關注我們使用相關概念時的差異便可正確理解這種區分。關於私人語言觀念的評論只是對內省所做的批判的一個要素，而這種批判所針對的最終目標，乃是我們的這樣一種傾向：錯誤地描述私人實指定義在確定我們日常心理學概念的意義時的作用。要看清私人實指定義乃是一種幻相，並承認內省在我們得以理解感覺語詞時不起任何作用，我們並不因此聽命於對這些概念的行爲主義分析。寧可說，我們認識到，是語法而不是我們朝何處看，向我們表明了我們的心理學概念描述了主體感覺到、看到或想要的東西，並且標明了主體的心理狀態與表達這些狀態的行爲之間的無可否認的區分。下一章，我們將更爲充分地探討我們心理學概念的這種獨特語法。這種探討將在對如下這種誘惑的更廣泛的研究的背景下進行，這種誘惑就是：參照我們每個人基於自身情形通過內省獲知的關於私人對象或過程的觀念，去解釋心理概念與行爲概念之間的區分。我們將要探討的問題是：私人對象概念對於我們日常心理學概念的功用是至關重要的——這樣一種觀念是否實際適合於我們將心理狀態歸於我們自己和他人的那種語言遊戲的語法。

第五章　內在與外在：《哲學研究》§281—307；第二二七至二三八頁

導言

維根斯坦對內省的批判集中在這種誘惑上：將疼痛概念與哭叫概念之間的差異，呈現爲由私人實指定義界定的術語和由公共實指定義界定的術語之間的區分。我們看到，維根斯坦是這樣回應這種誘惑的：一方面表明私人實指定義觀念是一個幻相，另一方面表明，本打算以這一觀念加以解釋的那種區分實際上是基於語法的，亦即基於「疼痛」和「哭叫」這些詞的用法差異。因此，我們是受了如下這種錯覺的誘導：我們彷彿是訴求於內省在定義感覺概念時的作用，去捕捉它們所特有的東西。我們實際是透過由這些概念表現出我們語言的不同區域之間的對照所形成的某種反觀意識，而得以理解意義的差異的。這樣對《哲學研究》§243以後諸段落的討論，就是要讓我們承認語法在標明一些區分時所起的作用：我們對語言的掌握促使我們做出這些區分，而我們欲參照獨立於語言的東西去解釋概念區分的衝動，又促使我們誤解它們。我們被帶往的這種立場，可爲這樣的口號所捕捉：「回到語法！」本章的中心任務就是要更清晰地把握我們心理概念的語法。

對內省在定義感覺語詞中的作用問題的關注，意味著我們一直更爲關心教授或理解心理學概念所涉及的東西，而沒有太在意對我們心理學概念如何發揮功用形成一個總體看法。因此，我們尚未詳細考察，將心理狀態歸於我們自己及他人那種語言遊戲的語法。考察這種更廣闊的語言遊戲，無疑會引出一些尚未觸及的難題。尤其是，將心理狀態歸於他人，會引出與知覺概念和被看見物觀念（the notion of what is seen）相關的問題。這些問題將在下一章詳細考察。不過，對於圍繞著我們的心理學概念在描述我們自己及他人的感覺、情緒、信念、意向等用法中那些問題的討論，大都只是對已在前一章中提出的那些問題繼續研究。我提出，內省在定義感覺語詞時的作用問題產生於對疼痛與疼痛行爲之區分的直覺，而我們覺得，這種直覺是通過關於內在的疼痛與外在的哭叫圖象而捕捉到的。此時，我們對這幅圖象的應用，將引導我們試圖通過訴求於私人實指定義在確定疼痛概念之意義時的作用來解釋疼痛與哭叫之間的直覺差異。但是，一方面，對內省的批判或許已經表明，我們並不是通過向內窺視並說出「是這個」而定義感覺概念的，另一方面，這種批判卻仍沒有回答《哲學研究》§244—245中所提出的這個問題：如何理解我們日常的疼痛概念與表達這一概念的行爲之間的關係？我們將會看到，我們誤解這種關係的傾向，同樣也源自對關於內在與外在的圖象的誤用。

這樣，本章的一個主要關注點就是，再驅散一些由於誤用內在與外在的圖象而起、籠罩在我們感覺概念之上的迷霧。這一目標尤其是要表明，對這幅圖象的誤用，是如何引導我們去誤解我們日常的疼痛概念與疼痛在疼痛行爲中自然表達之間的關聯。在討論維根斯坦關於我們如何利用孩子在弄傷了自己的情境下教會他使用表達其疼痛詞語的評論時，我們已經涉及了疼痛概念與疼痛行爲之間的關聯問題。就像我們看到的，對話者的這種說法，即相當於主張「疼痛」一詞的定義僅僅只把它和外化行爲聯繫起來，受到了以下這種語法觀察的回擊：孩子受其訓練的那種技法，容許他不僅以哭叫和呻吟，而且以清晰的語言來表達他的感覺：「疼痛的語言表達取代了哭叫，但並不描述它。」（《哲學研究》§244）維根斯坦的這個評論表達了這樣的論點：「疼痛」一詞與一個主體的感覺之間的關聯，是經由孩子受訓練去採用那種語言技法的語法——即用法——而取得的。這種觀察標誌著維根斯坦對於我們日常感覺語言之用法及其與人類行爲複雜關係的描述開始；有許多原因——它們全都和對內在與外在區分的誤解有關——可以解釋爲什麼我們很難清晰地看出這種關係。

以下這些事實，全都會導致我們把疼痛呈現爲某種「在我們之內的」東西：假裝疼痛是可能的；他人可以隱藏他們的感覺；我們無法像指著哭叫行爲那樣指著疼痛；可以設想某個舉止正常的人實際在忍受著疼痛……等。我一直強調，就這幅圖象是想捕捉感覺概念與描述行爲概念之間的差異而言，維根斯坦承認它是貼切的。此時，它不過就是一幅圖象而已。它似乎概括出了疼痛和哭叫之間的語法差異，可到底如何應用它，仍不得而知。當我們去應用這幅圖象時，問題就來了，因爲正是在我們傾向於對這幅圖象做出的那種應用中，才產生出了誤解和混亂。總是有這麼一種誘惑促使我們假定，這幅圖象的應用比其實際所是的要簡單易行得多，而這會導致我們誤解感覺概念的語法，尤其是誤解這些概念與行爲之間的關係。一開始作爲關於某種重要語法區分的圖象東西，隨後卻妨礙著我們去獲取關於我們概念之語法的某種清晰觀點，從而讓我們無法看清我們的概念實際如何發揮功用，也無法正確判定它最初想要把捉的那種區分的眞實本性，只有仔細留意我們傾向於對這幅圖象所做的應用與我們日常語言遊戲的語法之間的衝突，我們才有望擺脫由它引起的混亂，並獲取它想要達成卻未能達成的那種理解。

維根斯坦把這些論點清楚地表達如下：首要的是，我們的心理學概念必然會促使我們認爲，它們描述的是「在我們之內的」（從這個意義上說，我們的行爲則不在我們之內）思想和感覺：

當然，所有這些都是在你內部發生的。——而我現在所要求的，是去理解我們使用的表達式。——圖象就擺在那裡。而我並不是要質疑它在任何特定情形中的有效性。——只是我還想理解這幅圖象的應用。

（《哲學研究》§423）

圖象就擺在那裡；我並不質疑它的正確性。但是，它的應用是什麼？

（《哲學研究》§424）

在許許多多的情形下，我們都努力找尋一幅圖象，而一旦找到，其應用彷佛就自行顯現了。這樣，我們就已經擁有了一幅每次都強使我們接受的圖象——但是，它並不能幫助我們擺脫困難。困難在這裡才剛剛開始。

（《哲學研究》§425）

維根斯坦接著提出，這幅關於作爲出現在我們內部東西的感覺和思想的圖象，會有一種誤導的傾向，原因之一是，它較之於它要表現的那種語言的語法，少了許多的模糊性：

一幅憑魔法召喚而來的圖象，似乎毫不含糊地把含義固定了下來。較之於由這幅圖象所提示的那種用法，實際的用法好似某種混亂不堪的東西。

（《哲學研究》§426）

這幅圖象促使我們形成關於由確定的狀態和過程構成的某個內在領域的意象。我們日常心理學語言遊戲所具有的不確定性特徵——例如，我們可以懷疑某人是否眞的疼痛，可以摸不透某人的眞實想法，可以拿不準某個微笑是否友好……等——似乎是一個無損於它所描述的實在的缺陷。於是，這幅關於內在感覺的圖象便暗示，有位能看透人類意識的神靈，可以獲知我們只能去猜測的東西——我們的雙眼無以看穿隱藏在行爲背後的東西。相比於神靈對心理學表達式的用法，我們自己的用法似乎是間接的，而我們開始感覺到對於我們日常語言遊戲的某種不滿足。本想用於把捉我們心理學語言遊戲的獨特語法的這幅圖象，到頭來卻讓我們感到「在實際使用表達式時，我們繞了道，我們走的是羊腸小路。我們看到，眼前就有通天大路，但我們自然是上不了它的，因爲它永久地關閉著」（《哲學研究》§426）。我們日常的語言遊戲似乎是間接的，和它想要描述的現象拉不上關係；「我們被引誘去說，我們說話的方式並不能如實地描述事實」（《哲學研究》§402）。我們眞正需要的，不是去摒棄關於內在與外在的圖象成爲貼切的那種區分，而是去弄明白我們對這幅圖象的應用錯在哪裡。這樣的話，我們便會被將「內在」解釋成由內在狀態及過程構成的某個準空間領域的那種誘惑引開，並得以準確判定關於內在寫外在的圖像而原本要捕捉那種區分的眞實本性。維根斯坦試圖向我們表明的是，內在與外在的區分所擁有那種唯一眞實的含義，將這一區分與我們概念的語法，亦即同疼痛概念與哭叫概念起作用方式上的差異聯繫了起來。我們的錯誤在於，當關於內在與外在的圖象眞正所做的只是描述這些差異時，我們卻假定它解釋了它們：「問題不是如何依據我們的經驗去解釋一個語言遊戲，而是如何去注意一個語言遊戲」（《哲學研究》§655）；「把這個語言遊戲看作是首要的東西」（《哲學研究》§656）。

疼痛與疼痛行為

那麼，我們就回到這個任務上來：描述我們日常感覺語言發揮功用的方式。我們已經看到，維根斯坦對我們感覺概念之語法的描述，是如何將我們的注意力引向我們日常語言遊戲與感覺在行為上的自然表達之間的關聯的。在《哲學研究》§281中，他的對話者這樣問道：「你所說的難道不就是：例如，要是沒有疼痛行為，就不存在疼痛？」

這個問題可視作這樣一種企圖：將維根斯坦的語法觀察，重新表述為關於疼痛與疼痛行為之關聯的某種一般主張，而這種主張是和我們的日常實踐不相一致的，因為我們很自然經常說某某忍受著疼痛卻不把它表露出來。維根斯坦的回應如下：

> 是這麼回事。只有對一個有生命的人及類似於（舉止像）一個有生命的人的東西，我們方可以說：它有感覺；它看得見；是盲的；聽得見；是聾的；是有意識的或無意識的。
>
> （《哲學研究》§281）

維根斯坦對這名對話者所做概括的拒斥，並不否認存在著疼痛概念與疼痛行為之間的某種類型的關聯，但它卻指出，這種關聯被過分簡單化了。在疼痛和疼痛行爲之間有著某種語法關聯，但是，我們用這一概念所玩的語言遊戲比對話者所做的概括要複雜得多、微妙得多。我們的感覺概念僅用於描述那些（比如）可以表達疼痛、可以看、可以聽、可以注意的東西（有生命的人及類似於他的事物），但是，在由我們語言的這一區域所表現的那些形式和可能性中，卻有著一種爲對話者的概括完全掩蓋住的複雜性。因此，假裝、不表露疼痛、懷疑某個表達是否眞實、做表演……諸如此類的可能性全都是我們語言遊戲的不可或缺的組成部分。我們對我們的概念如何發揮功用的描述，一定不能讓我們語言的這一區域看起來比它實際所是的要確定得多，或者讓實際是它不可或缺的獨特組成部分的東西，成爲看似令人煩惱的累贅。正是我們語言遊戲的這樣一些方面，在某種程度上使關於內在與外在的圖象成爲貼切的，並賦予這幅圖象以眞正的內容。然而，我們現在被引誘去對這幅圖象所做的應用，卻引起了關於某個由狀態和過程構成的、確定的內在領域的誘人觀念，這種觀念促使我們將日常語言遊戲的這種必要複雜性看作一種缺陷，或者看作我們只能間接接近他人心理狀態的一個標誌。

在《哲學研究》§282中，對話者似乎對維根斯坦的這種弱化的主張——在心理學概念與行爲的特定形式之間存在著某種語法關聯——也提出了質疑：「神話故事中的那把壺也是可以看和聽的！」這難道不是表明了，「看見」和「聽見」這些概念可以獨立於行爲而發揮功用？這難道不就是一個關於這把壺具有哪些經驗的問題嗎？可是，這個神話故事，是如何把一把壺描述得讓我們視之爲一把能看見和聽見的壺，從而實現其富於想像力的目標的？難道不是通過描述一把在某些重要方面類似於一個有生命的人的壺嗎？我們難道不是通過想像這只壺和其周圍發生的一切進行言語交流，而想像它進行看和聽的嗎？我們這裡是在想像某種完全虛假的東西（事實上壺並不會說話）或者毫無意義的東西（我們不知道將一只壺描述爲「會說話的」是什麼意思）嗎？

維根斯坦指出，這既不是虛假的也不是無意義的，因爲對這把壺的神話式描述，屬於一種虛構的語言遊戲，其作用方式完全不同於日常言談。因此，這個神話故事近似於這樣一類表演遊戲：我們設想，一個玩具娃娃能感到痛，或者我們擁有魔力，或者我們是火車等等，在所有這些情形裡，我們都在利用關於眞實世界的知識，去創造出一個虛構的世界，而從不需要問自己，在什麼樣一些情境下，我們當眞地說一把壺會說話，說一個玩具娃娃感覺痛，說一個人擁有魔力，或者說我們在用煞車去剎住人的身體。這種富於想像力的語言用法，乃是概念的某種「第二」用法；它沒有向我們表明任何有關意義和無意義之分界的東西，這種分界主導著它們的第一用法。它無疑表明了，這個神話故事必須想像這把壺以某種特定的方式做出行爲，但是，我們卻必須在關於心理學概念的第一用法的研究中，去揭示這些概念同人類行爲的語法關聯。

在心理學概念的第一用法中，我們只把它們應用於特定的事物種類，亦即有生命的人及其他動物。可是，我們爲什麼只把這些概念歸於某類事物呢？維根斯坦問道：「是不是我所受的教育通過把我的注意力吸引到我本人的感覺上而把我引到了這類事物上，而我現在又將這一觀念傳遞到了外在於我自己的對象上？」（《哲學研究》§283）這裡我們看到的是，對關於內在與外在的圖象的一種特殊的應用，疼痛與我們將它歸於其上的事物，被當成了彼此處於某種特定關係中的不同種類的對象。疼痛是一種私人對象（由某人自身的情形而被知道）以某種方式「內在於」身體，而身體本身則是一種公共對象；疼痛屬於「心理領域」，身體屬於「物理領域」。因而，疼痛與我們將它歸於其上的事物，並不是從概念上關聯起來的，而是分屬於兩個極為不同的「領域」，二者存在於某種純經驗的相互關係中：一者（不知怎地！）內在於另一者。這幅圖象的這種應用的部分內容──「疼痛」一詞可通過內省一個樣本加以定義──已在前一章做過考察，這裡，我們要從一個不同的角度來探討它。現在關注的是這一觀念：疼痛概念同我們將它歸於其上的對象之間，沒有本質性的或概念上的關聯，卻作為只是經驗地關聯於某個身體的「某種東西」──某類對象──的名稱發揮著功用。為使我們看出這種對內在與外在圖象的應用錯在哪裡，維根斯坦問了這麼一個相當奇特的問題：「難道我不可以設想，我忍受著可怕的疼痛，並在這一過程中變成了石頭？」（《哲學研究》§283）

當意識到我們關於疼痛與身體關係的圖象，有效地將後者當成本身是無生命的事物時，我們便可弄明自維根斯坦為什麼問這個問題；疼痛只是（不知怎地！）被聯繫於物理的軀體；就其本身而言，疼痛就是這個，亦即我們每個人都由自身的情形得知某種特定的存在現象。所以，當他問：「那麼，要是我閉上眼睛的話，我如何知道我是否並沒有變成石頭？」（《哲學研究》283）的時候，他只不過是指出，就像我們已描述過的，疼痛的本質與我的物理軀體沒有任何關聯；當深刻的物理變化發生之時，從概念上講，每種東西都可以如它表現出來的那樣，依然心理地──現象地──存留著。假如疼痛只是某個特定類型的對象，其同一性可通過它之為這個而被現象地確定，那麼我如何可以在不進行實際檢驗的情況下就簡單地擯棄這個問題，即在我感覺著疼痛時我的身體是否變成了石頭？因爲，根據這幅圖象，這個的存在從概念上講無關乎我的身體，從而也無關乎我所擁有的身體類型。那麼，我們就假定，我在感覺疼痛的時候確實變成了石頭。維根斯坦這時問道：「在何種意義上，這塊石頭擁有疼痛？在何種意義上，這些疼痛可歸於這塊石頭？」（《哲學研究》§283）假如我們可以設想在身體發生變化時，疼痛在繼續，那麼在何種意義上這個身體擁有這種疼痛？我們爲什麼一定要把疼痛與某個身體聯繫起來呢？眞正說來，「疼痛爲什麼一定得有個載體呢？！」（《哲學研究》§283）。就像我們所設想的，疼痛概念是獨立於身體概念而發揮功用的，而且從概念上講，甚至不要求有個身體承載它；它就是這個。因而，如果我們將疼痛與人體的關係，視作兩種類型對象之間的經驗關係——從而疼痛出現在人體中，就像一枚珍珠生在一只牡蠣殼中一樣——那麼，身體就不能被當作疼痛的眞正載體；它只是和它一道存在。

　　這樣，維根斯坦便通過讓我們設想，在遭受可怕的疼痛過程中變成石頭的情形，爲我們呈現出了一幅關於我們如何傾向於應用內在與外在圖象，或者設想疼痛與身體之關係的生動圖象。他藉此讓我們看清，我們擁有這樣一幅關於疼痛的圖象，據之我們實際無法將它歸於某個身體。我們或許會這樣回應說，疼痛並不屬於身體，而屬於某個靈魂。可是，這個靈魂同身體又是什麼關係呢？維根斯坦接著問道：「我們可以說一塊石頭有個靈魂，而且正是它擁有疼痛嗎？靈魂或疼痛與一塊石頭有什麼關係呢？」（《哲學研究》§283）假如我們把身體當作本身就是一個事物，而把疼痛爲作一種具有純現象本質的私人對象，那麼我們就既不能把疼痛也不能把某個心靈同身體建立聯繫；我們看到的是兩種互不相干的分立存在。這樣，人體（石頭）

就完全同疼痛失去了關聯。但是，這顯然是同我們日常語言遊戲的語法相違背的。因爲我們日常的疼痛概念同身體之間的那類關聯，正是這幅圖象似乎使之成爲不可理解的那種關聯；我們的概念只被用於將疼痛歸於有生命的人及與他們相似的東西上：

只有對於像一個人一樣舉止的東西，我們才能說它具有疼痛。因為人們必須，就一個身體，或者，如果你樂意這麼說的話，就身體具有的一個靈魂，說它具有疼痛。

（《哲學研究》§283）

我們語言遊戲中疼痛概念與作爲疼痛載體的生命體之間的語法關聯表明，內在與外在圖象不可能被賦予我們試圖賦予它的那種應用。可是，如果疼痛與具有疼痛的身體之間的關係，不能視爲兩類不同對象間的經驗關係的話，又該如何看待它呢：「身體如何能有個靈魂呢？」（《哲學研究》§283）

維根斯坦在《哲學研究》§284中著手回答這一問題。他首先複述了這種觀察意見：說疼痛的載體是一個事物是沒有意義的：

盯著一塊石頭並設想它具有感覺。——我們自己嘀咕說：至於我們怎麼得到，把某種感覺歸於一個事物的觀念呢？我們也同樣可以把它歸於一個數！——我們再來盯著一隻蠕動的蒼蠅，此時，困惑全都清除了，疼痛似乎可以在這裡立足了，一切都已理順了。

我們傾向於對內在與外在圖象所做的那種應用，引導我們在深藏於身體內部的某個地方，做出某種本體論分割。這樣，身體就被視作屬於外在事物的領域，而疼痛則屬於某個心理領域，它內在於身體，有意識的經驗就發生於其中。《哲學研究》§283的思考讓我們清楚地認識到，倘若以這種方式應用這幅圖象，我們就不再能把疼痛和人體聯繫起來。將人體歸入與缺少任何感覺概念關聯的物理事物範疇，我們便把它完全置於疼痛概念的範圍之外；將疼痛歸於這樣的身體並不比將它歸於一塊石頭或一個數更有意義。我們一旦去觀察我們的心理學概念實際是如何發揮功用的，便可看出，由我們的語言做出的這種分割並不存在於身體之內——不是私人性的疼痛和公共性的身體之間的分割——而存在於完全不同類型的身體之間：疼痛概念可接近的那些身體與疼痛概念不可以接近的那些身體。石頭和蒼蠅之間的分界線並非經驗的（我們「發現了」、「猜到了」石頭內部沒有疼痛，而蒼蠅內部則有），並未反映出存在於某些物理對象和這一特定種類私人對象之間的某種經驗關係。寧可說，它是一個概念的分界線，反映出存在於我們語言中的、在感覺概念和一類很特別的身體——有生命的人及類似於他們的東西——之間的概念關聯。因而，說一塊石頭感覺到疼痛是沒有意義的，而這樣說一隻蒼蠅是有意義的。我們由於錯誤應用內在與外在圖象而做出的「物理領域」與「心理領域」的虛假區分，被生命體與非生命體之間的區分所取代，這種區分深深根植於我們語言的語法。

《哲學研究》§284接下來這樣寫道：「同樣，我們也覺得，一具屍體完全不可能有疼痛。」並不是說，一個人的死留給我們的，是作爲先前同時存在身體和心靈的一半的那個「東西」，而是說，死亡時人體變成一樣東西，亦即一個無法進行心理學描述的對象。要認識到這種差異有多深刻，是件困難的事情。這種差異不只是涉及我們如何描述事物，我們對它們說些什麼。因爲，於我們語言中做出的生命體與非生命體之區分，進入了我們的生活形式的基本結構；它表現著我們世界的形式。它不只是和我們所說的，而且也和我們所有的行爲方式及對世界做出反應的方式密切聯繫在一起，從而「我們對活著的東西的態度和對死了的東西的態度不是一樣的。我們所有的反應都是不同的」（《哲學研究》§284）。當對話者回答說：「這不可能僅僅源自這樣的事實，即一個活著的東西如此這般地活動，而一個死了的東西則不這樣」的時候，表明他傾向於認爲，身體和石頭是同一類的對象（比方說，物質對象）只是舉止方式不同。維根斯坦回應道：舉止上的這種差異支撐著更爲深層的分割。我們這裡看到的是事物的兩個不同範疇；是一個「從量到質的轉換」（《哲學研究》§284）。

在《哲學研究》§285中，維根斯坦探討了我關於活物經驗的一個方面，它揭示出了這種「質的轉換」的本質：

> 想一想面部表情的識別。或者，想一想關於面部表情的描述——這可不是給出面部的尺寸大小！再想一想，一個人如何可以不看鏡子中自己的臉，而去模仿另一個人的表情。

把一張臉認作友善的、討厭的、挑釁的或受傷的，就是識別出對方面相的意義。我們對面都表情的描述富含著賦予它們以某種特定意義的術語：「一個友善的微笑」、「一個充滿敵意的盯視」、「一個受驚嚇的表情」、「一種猥褻的神色」等等。我們觀看或描述的並非處在相互物理關係中的物理器官，而是人的面部，其表情具有我們所熟知的意義。模仿某人的面部表情，並不要求我對著鏡子把自己的五官排列得跟他的一樣。我理解他的面容意義，並在我自己的臉上把這種意義表達出來。不只是說「一個有生命的東西如此這般地移動，而一個死了的東西則不如此」，因爲一個活著的東西的移動，具有一種爲一個物理對象的移動所不具有的意義。這種差異可比之於說出或寫下的一個句子與胡亂的聲音或符號之間的差異。因而，「勿踏草坪」這串符號便不同於「@L$-!·&%|-/」，只要前者擁有一種構成我們對它的描述所必不可少的組成部分的意義，而這種意義是那堆亂碼完全沒有的；人類語言與無意義的符號進入我們生活形式的方式天差地遠，所以我們會毫不猶豫地把它們認作不同的事物範疇。同樣，活物的移動也區別於物理對象的移動，只要它們擁有一種本質地進入我們關於它們的描述的意義，這種意義將作爲一種獨特的現象範疇的生命體與非生命體區分開來。

這樣一來，生命體便和一塊石頭不屬於同一範疇。身體是活著的，不僅是說它能移動，而且可說其移動的持續進行有著某種特定的意義。因而，在意向這個概念與（比如）悄悄逼近一隻鳥的貓的移動之間並無差距；這種意向不只是同那專注的神態、那小心翼翼的移動、那準備撲過去的姿勢等「關聯」在一起的，而且正就是所有這些的意義。正是在這個意義上「人的身體是人的靈魂的最佳圖象」（《哲學研究》，第一七八頁）：意向、期待、悲傷、疼痛等概念是植根於人和其他動物的生命體的表情形式中的。在掌握我們的心理學語言遊戲時，我們並非被訓練去在某個內在領域內識別不同的過程，而是參與到交織在我們錯綜複雜的生活形式中的日趨複雜化的行動和反應模式中去，並識別出其意義。我們的心理學概念關聯於生命體的複雜生活形式中的各別模式，而無關乎某個隱藏著的內在狀態和過程的領域。因而，當維根斯坦指出「『內在過程』需要外在標準」（《哲學研究》§580）時，他並非是要從反對私人語言可能性的論證中得出行爲主義的結論。寧可說，他是在就一種本質關聯做出語法觀察，這種關聯存在於，我們日常語言中的心理學概念與可在人及動物的生活形式區辨出的個別模式之間；這種評論純粹是描述性的，而非規定性的。

因而，我們的疼痛概念，並不描述藏匿於物理軀體之內的「某個東西」，卻在下述意義上和生命體相關聯：它表達或描述了其哭叫或姿勢的意義。在《哲學研究》§286中，維根斯坦指出：「但是，說一個身體有疼痛，難道不是很荒唐嗎？」例如，我們並不說，我的手感覺疼痛，「而是說，我的手裡的我感到疼痛」（《哲學研究》§286）。我們的心理學概念，在語法上，同一個主體的概念聯繫在一起，而這一主體並不是我的身體，而是「我」。這裡又有一種巨大的誘惑，促使我們認爲，這種情況表明，在身體之外，有另一個對象（比如靈魂），它才是疼痛的眞正主體。維根斯坦想讓我們看清的是，這種由「身體」向「感覺疼痛的主體」（向「我」）的轉換，並非在實體間的轉換，而是一種語法轉換，一種在語言遊戲之間的轉換。因而：

所爭論的問題是：是身體感覺到疼痛嗎？——如何解決這一問題？是什麼讓我們可以合理地說，並非是身體？——噢，是這樣的情況：如果某人手疼，這隻手並未說出這種狀態（除非它把它寫下來），而我們也不是去安慰這隻手，而是安慰遭受疼痛的人：我們看著他的臉。

（《哲學研究》§286）

我們並不是通過內省、通過發現存在著身體之外的某種東西來解決這一問題的，而是通過參照我們語言遊戲的語法。只要觀察我們描述有生命的人的實踐，便可發現，人體進入我們的語言遊戲，不只是作爲物理和心理描述的對象，而且也作爲肉體化的主體：一個統一的心理歸屬（psychological ascription）中心。初看之下，似乎是實體之間——從物理軀體到靈魂——的轉換，實際是兩個語言遊戲之間的轉換。就像我們已看到的，我們語言中用於行爲及生理描述的客觀語言與用於心理描述的主觀語言之間的這種二元性，不僅引出了關於內在與外在的圖象，而且還導致了對它的一種災難性應用。維根斯坦再次試圖表明，想以內在與外在圖象去解釋行爲概念與心理概念之間區分的願望落空了。我們力爭做出的那種區分，一直就在我們眼前，就存在於我們語言遊戲之間的語法差異中，這些差異揭示出了我們所描述現象的本性。而就在這種情況下，我們費盡心思構造出來的，卻是一個讓我們無能爲力的神話實體——脫離肉體的靈魂！

關於私人對象的觀念

在《哲學研究》開篇所引的那段《懺悔錄》裡的話中，奧古斯丁認爲，嬰兒的靈魂和成人的靈魂沒有什麼不同：孩子還不會說話，卻可以思考；它還不會說「希望……」，卻有了願望；它還不會問某個東西的名稱，卻已掌握了命名的概念……等。由關於我們的心理學概念的語法研究得來的圖象，則完全不同。儘管我們的語言遊戲根植於飢餓、恐懼、憤怒、快樂這些自然的人類反應及其表達中，但是語言用法訓練的結果卻把孩子帶入了複雜的人類生活形式，這種生活的諸多模式是在意指、期待、希望、夢想等語言遊戲中確定下來的。在孩子習得我們複雜生活形式的特定模式過程中，他逐步具備了人類靈魂的獨特形式。這一過程是漫長的，既促使孩子學會在適當情境下使用「我意指……」、「我期待」、「我希望」、「我夢想」、「我憤怒」、「我疼痛」等詞語，也促使他學會識別他人的特定表達形式，並以適當的方式對它們做出反應。孩子並不是被教會去識別，內在於他的私人對象，而是被訓練以一種爲我們獨特的生活形式所必需的方式去使用語言。他不是通過受教育而認識到他人內部有他自己內部所有的那種東西，而是被訓練去不僅對他人的語言用法，而且對我們的心理學概念參照其發揮功用的那些特定的移動、姿勢、面部表情等的模式做出反應。

上一章關於維根斯坦論私人實指定義的評論的討論已揭示出，以下這個觀念是很成問題的：我們是通過將注意力向內轉並說出「這個」而引入疼痛的同一性標準的。這種討論的目標是要表明，確定疼痛是一種什麼樣的東西，乃是「疼痛」一詞在我們日常語言遊戲中的用法，而不是內在實指的動作。在《哲學研究》§288中，維根斯坦從不同的角度探討了同一話題：他表明，我們日常語言遊戲的語法，完全不適合於奧古斯丁關於某個內在世界的圖象，在那裡，心理狀態就像是存放在一只盒子裡的許多對象。他再次引入這幅圖象，藉助的是他關於這幅圖象如何設想（比如）疼痛與身體之間關係的那一生動比喻：「我變成了石頭，而我的疼痛在繼續。」疼痛再次被視作這樣一種「東西」：它只存在於同身體的某種經驗關係中，我們通過向內窺視識別它。這樣的話，便會出現我是否已把正確的「某種東西」識別為疼痛的問題：「假定我弄錯了，它不再是疼痛了？」（《哲學研究》§288）但是，這個問題不可能出現在我們的日常語言遊戲中：「懷疑我是否疼痛，這毫無意義！」（《哲學研究》§288）這種張力再次表明，我們是多麼地傾向於錯誤地應用關於內在與外在的圖象。我們對疼痛概念的用法中有某種東西，使得關於「內在」的圖象是貼切的，然而我們隨後對這幅圖象的應用，卻完全有悖於「疼痛」一詞在日常語言中的用法。因為，假如我們以一種忽略我們語言中疼痛概念與活的人體之間的語法關聯的方式應用這幅圖象，則我們所描述的就是這樣一個概念，我們可以懷疑它是否被正確地識別，而事實上這種懷疑的可能性是根本不存在的。

按這種對維根斯坦評論的解釋，他並非是想證明，疼痛概念的可理解性，有賴於應用的行為標準的存在，而該詞的第一人稱用法，可參照這些標準加以檢驗。這一論點是純語法的。如果我們以一種忽略我們語言中疼痛概念與活的人體之間的語法關聯的方式去應用關於內在的圖象，我們便不再能弄明白這一概念實際發揮功用的方式，尤其是我們無法弄明白這個事實：「在這個語言遊戲中是沒有懷疑的位置的。」（《哲學研究》§288）如果我們切斷這些語法關聯，並將疼痛呈現爲我們每個人向內窺視時所辨識出的內在對象，那麼「我似乎又可以合法地開始懷疑了」（《哲學研究》§288）。並不是說人的行爲提供了某種必要的檢驗，而是說疼痛概念與表達它的行爲之間的語法關聯的缺失會預示該詞的一種完全不同於其實際具有的用法：「如果我同意廢除通常用某個感覺詞句玩的語言遊戲，我就需要這種感覺的同一性標準；這樣的話，錯誤的可能性也就存在著。」（《哲學研究》§288）

然而，我們也許很難放棄關於指導我使用「疼痛」一詞的某種內在識別動作的圖象，因爲要是沒有這麼一種動作，疼痛一詞的用法似乎就是隨意的了；沒有什麼東西可供參照，以爲它在某個特定情境下的用法做辯護。因此，我們想說：「當我說『我疼痛』時，我無論如何，是在我自己面前得到辯護的。」（《哲學研究》§289）維根斯坦這樣反問道：

這是什麼意思？是不是指：「如果另一個人可以得知我稱為『疼痛』的東西，他就會承認我在正確地使用這個詞？」

（《哲學研究》§289）

要是那樣的話，我們就並非在實際爲該詞的用法做辯護，而只是設想爲它做辯護。我們「在我們的想像中」，完成對該詞用法的辯護動作，但是我們已看到，這樣做並非是爲一個詞的用法做辯護。我們以爲該詞的受規則主導的用法中必不可少的這種動作，實際上毫無用處。如果說這些思考似乎讓我們對「疼痛」一詞的使用看似隨意的話，那麼我們應當記住：

「不加辯護地使用一個詞並不意味著越權使用它。」（《哲學研究》§289）當我的語言訓練使我掌握了一個表達式的用法之後，我就不去尋找理由了，而只是不加反思地依照我受其訓練的那種實踐去使用語言。正是我對以「疼痛」一詞玩的那種語言遊戲的掌握，賦予了我按照自己的方式使用它的權力，而並不是某個內在的辯護動作。因而，根本就不存在「依據標準識別我的感覺」（《哲學研究》§289）這麼一個動作。我只不過像我被訓練的那樣，用「我疼痛」這些詞來作爲表達我的感覺工具。我們可以把這叫做「描述我的感覺」，或者「描述我的心靈狀態」。不過，我們一定不要被這樣的事實——即我這裡用到「描述」（describing）一詞，而在別的地方也會說「描述我的房間」——引誘去假定有單一的「描述」語言遊戲。「描述」這個詞，類似於「命名」這個詞；它是一個消除了語法差異的屬名。因而，「我們稱作『描述』（descriptions）的東西乃是特定用法之工具」（《哲學研究》§291）。如果我們不想被引導以某種特定的描述類型（「描述我的房間」）爲基礎，去呈現所有這些工具，我們就「需要回想語言遊戲之間的差異」（《哲學研究》§290）。

於是，我們一旦去觀察我們的概念實際是如何被使用的，便可看清，我們稱作「描述」的這種東西是何等地變化多端：「試考慮有多少種被稱之爲『描述』的東西：按其座標描述某個物體的位置；描述一種面部表情；描述一種觸感；描述一種情緒。」（《哲學研究》§24）在所有這些情形中，我們都做著某種完全不同的事情：在第一種情形下，我們在一個座標格中測量出一個位置，正確描述與不正確描述之間的區分一清二楚；在第二種情形下，我們如何對這張臉做出反應，是同我們對它的描述密切聯繫著的，這裡有出現分歧的餘地；在第三種情形下，我們可能會尋求比較（「它摸起來就像絲綢」）；在第四種情形下，我們也許會沉浸在這種情緒中，讓言辭自然流露出來。將它們全都稱之爲「描述」，「無法讓這些用法本身更加彼此類似。因爲，我們已經看到，它們絕對是不相同的」（《哲學研究》§10）。只是說「我描述我的心靈狀態」和「我描述我的房間」，並不能告訴我們任何東西；只有通過觀察使用中的語言，我們才可辨別出，揭示了這兩種完全不同的語言遊戲的本性的那些語法區分。

這些語言遊戲之間的差異，也可根據眞理概念在它們各自中間發揮功用的方式進行觀察。如果想一想用於判定關於某個動機的表白，或者關於一個夢的報告的眞實性的標準，我們就會發現，它們發揮功用的方式完全不同於用於判定關於某人正觀察的一個過程的描述，或者關於我無法看清的一個盒子中所裝東西的描述的眞實性標準。不僅用於判定報告的眞實性標準，在後兩個情形中要明確得多，而且也還存在著在說話者給出關於他之所見的眞實報導與這個報導確實爲眞之間做出區分的餘地。因而，我們可以有意義地假定，我們可以這樣來糾正某個說話者關於盒中物品的眞誠報告：把他的報告同我們自己翻看這只盒子的所得相比較，發現這名說話者誤點了一個或多個對象。在關於一個動機、一種情緒或者一個夢的眞實報告的情形中，則無法做出這種區分來。在這樣的情形下，所生出的問題是完全不同的。假定我們承認關於某個動機的報告是眞誠的，我們可以懷疑說話者會不會在自欺欺人；或者，如果這個報告涉及很久以前發生的事情，我們可以質疑他的記憶是否準確。但是，這些問題中沒有哪一個，是通過將這個報告同某個內在過程相比較而解決的。即便這些問題是由說話者本人提出的——這也是完全有意義的——它們也將通過觀察說話者行爲的更廣闊背景，或者通過嘗試對所說過的話和所做過的事進行不同的解釋而得到解決。而且，無論是誰問了這些問題，說話者對關於某個動機的報告的眞誠贊同，總是具有特殊的意義；只有在非常特別的情境之下，我們才可對其表示質疑。維根斯坦想讓我們看清的是，我們語言的不同區域發揮功用的方式上的這些差異，並不是某種要求解釋的東西，也不是某種可以被解釋的東西。確切地說，正是我們概念發揮功用的方式上的差異，爲各種現象範疇間的區分提供了基礎；要把握我們想要在心理概念和行爲概念之間做出的那種區分，只有一條路可走，這便是由我們語言遊戲的獨特語法指明的道路。

在《哲學研究》§293中，維根斯坦以如下的比喻回應了將疼痛呈現爲本質上就是「這個」的某種私人對象的圖象：

假定每個人都有一只盒子，裡面裝著一樣東西：我們稱之為「甲蟲」。沒有誰可以看到別人的盒子的裡面，而每個人只能通過窺視他本人的甲蟲，而說他知道這一隻甲蟲是什麼。——在這裡，很可能每個人盒子裡的東西，都是不一樣的。甚至可以設想，這麼一個東西一直在不停地變。——可是，要假定「甲蟲」一詞在這些人的語言中有一種用法嗎？——要這樣的話，它不能被用做某物的名稱。盒子裡的東西在這一語言遊戲中根本就沒有位置；甚至不能作為某種東西：因為盒子甚至可能是空的。——不，我們可以拿它當「約數」；無論它是什麼，都可以把它消除掉。

這一比喻一開始提出了一個關於物理類比的觀念如下：我們每個人都是基於識別出一個

內在對象而知道何爲疼痛的。正如我把自己呈現爲通過識別一個內在於我的身體，且只有我才能接近的「某物」而得到關於疼痛的知識一樣，維根斯坦把一名說話者呈現爲，通過窺視一只別人無法向裡看的盒子而得到他關於一隻「甲蟲」的知識。他觀察到的第一件事情是，我們無法做出任何關於每個人的盒子裡是否有同一種對象，甚至關於這些對象在時間中的穩定性的假定。然而，我們又得假定，「甲蟲」一詞在這些人的語言中確有一種用法。維根斯坦沒有說這種用法是什麼，但他顯然要我們設想「甲蟲」一詞，是在這種語言的所有使用者共同參與的一種穩定而統一的語言遊戲中被使用的。這樣，他便造出了這麼一種情境，其中有兩件事情發生著。一方面，有每個說話者窺視其盒子並說出「這是一隻『甲蟲』」的動作；另一方面，又有在某個穩定的語言遊戲中使用「甲蟲」一詞的固定技法。問題是：這兩件事如何關聯起來？這一比喻想讓我們看清的是，它們全無關聯。用「甲蟲」一詞玩的語言遊戲，可獨立於說話者打開自己的盒子時發現的東西而被教授、被學會、被參與，因爲我們已看到，我們可以設想每個人盒子裡的東西都不一樣，或者盒子裡的東西一直在不停地變，或者盒子裡甚至什麼東西也沒有。正是通過看到，在「甲蟲」一詞在這一語方遊戲中的用法——亦即「甲蟲」在這些人語言中的意義——與他們每個人盒子裡的東西之間，沒有任何關聯，我們才得以認識到，這一比喻一開頭描述的那種儀式，對於「甲蟲」一詞在這些人語言中的意義來說是毫無益處的。就「甲蟲」一詞的意義而言，「我們可以拿它當『約數』；無論它是什麼，都可以把它消除掉」。

按這種解釋，關於盒子裡的甲蟲的比喻並非是要表明，我們的心理學概念必須擁有公共的應用標準。其寓意無寧是：如果我們受到關於疼痛與哭叫之區分的感覺的誘惑去假定，「疼痛」一詞是作為我們每個人向內窺視時識別出的某個對象的名稱發揮功用的，那麼這一對象就無法同「疼痛」一詞在我們日常語言中的用法關聯起來。因為我們可以設想，這一私人對象，就像物理性的私人盒子中的那個對象一樣，在每個人的情形中是不同的，或者它不停地在變，或者根本就沒有這個東西。但這只是表明了，不管這一對象是什麼，我們日常的語言遊戲都可以被教授、被學會、被參與：「這個對象毫不相干，勿需考慮。」（《哲學研究》§293）我們應當得出的結論是：企圖透過說，「疼痛」命名一個我們每個人由自己情形知道的私人對象，去捕捉疼痛與哭叫的區分，乃是錯誤的；由疼痛與哭叫之區分引出的關於內在與外在的圖象，完全無法以這種方式加以應用。我們關於「疼痛」和「哭叫」這兩個詞的意義差別的感覺，不可以憑據關於我們每個人所知的某個私人對象與可被我們所有人接近的某個公共對象之間的對立觀念去獲得。因為「如果我們按照『對象與名稱』的模式，去解釋感覺表達式的語法，這個對象就毫不相干，勿需考慮」（《哲學研究》§293）。

然而，若是沒有關於私人對象的觀念，我們似乎又面臨著失去疼痛與表達它行為之間的區分的危險。對話者表達出以下這樣的憂慮：

> 是這樣。可是，一直有某種東西伴隨著我因疼痛而發出的哭叫。而正因為有這種東西我才發出哭叫聲。這種東西是重要的——而且是可怕的。
>
> （《哲學研究》§296）

維根斯坦回應道：

> 只是我們是在向誰通報這種情況？是在什麼情境之下？

疼痛概念描述的（表達的），是促使我哭叫的那種感覺而不是哭叫本身——這種情況並不是我可以向任何理解疼痛概念的人通報的某種東西；「我疼痛」這幾個詞的表達性能（expressiveness），是我們對它們的使用所固有的，從而構成我們對這一概念掌握的必不可少的組成部分。眞正重要的是這種感覺，而不是哭叫聲，而且這種感覺是某種可怕的東西——這些同樣是疼痛概念之用法的固有方面；它們屬於我們語言遊戲的形式；它們並不是我在學會「疼痛」一詞的用法之後，基於檢查和描述我的某個特定的私人對象而得出的觀察見解。對話者的話，並未告訴我們任何他「得到了」而我沒有得到的東西；它告訴我們的東西，都已存在於我們語言遊戲的獨特語法，亦即我們所有人使用疼痛概念的方式中了。不過，他之感到有必要說出這些東西，說明他不再只滿足於我們概念之間的語法區分；他感到一切似乎都是表面的，而要達至關鍵性的東西——哭叫背後的疼痛——他感到，必須求助於某個內在的注意動作。他彷彿要去追尋一個內在世界，它就隱藏在由疼痛概念的語法與哭叫概念的語法之區分所界定的東西背後。

維根斯坦試圖揭穿這種突然對在我們語言的語法範圍內做出的這些區分感到不滿的反常行爲。他用了下面這個類比：

自然，壺裡的水燒開了，蒸汽就會從壺裡冒出來，而在一幅圖畫中，蒸汽也從壺裡冒出來。可是，要是有人硬說畫中的那只壺裡，也一定有某種東西燒開了呢？

（《哲學研究》§297）

這一類比呈現給我們兩種不同的現象範疇，分別與兩種完全不同的語言遊戲相聯繫。一方面，有一把燒開水的物理的壺，燒開的液體導致蒸汽從壺裡冒出來。另一方面，有一幅表現蒸汽從一把壺裡冒出來的圖畫。在一種情形下，我們有這樣一種語言遊戲，它交織在我們使用「壺」、「水」、「熱量」等詞語的實踐中，同烹調及其他各種活動聯繫在一起。在另一種情形下，我們有這樣一種語言遊戲，它交織在我們利用圖畫去做圖解、去做指導、去講故事的實踐中。使用圖畫的語言遊戲，就像烹調一樣，乃是我們人類自然史的一部分：人們就是要使用並回應，作爲他們日常世界的某些方面表象的圖畫。這種以圖畫表象世界的語言遊戲實際如何發揮功用，或許並不那麼一目了然，但無論它如何發揮功用，它顯然十分不同於那些交織在由這些圖畫表現的實在中的語言遊戲。

我們現在已能看到，硬說畫中那只壺裡一定也有某種東西燒開的那個人，由於感到存於表面的東西是不夠的而被引誘去混淆這兩種語言遊戲。鑑於這幅圖畫畫的不只是蒸汽和一只壺，而是一把燒開了的壺，這幅圖畫裡就似乎必定有比我們看到的更多的東西；因爲一只燒開的壺，不只是蒸汽和一只壺。由於看到這只燒開的壺出現在圖畫中的方式，與蒸汽和壺出現在圖畫中的方式是不同的，這名說話者便被引誘去設想，必定有某種東西隱藏在表面之物的背後，這種東西隱藏在關於這只壺的圖畫中，正像開水隱藏在物理的壺中一樣。因而，如果我們要得到比關於蒸汽和一只壺的圖畫更多的東西，似乎就一定得實際存在於畫中壺裡被燒開的某種東西。這一類比的力量在於，它讓我們清楚地看到這裡面是有問題的：這幅圖畫並不是由某種（不知怎地！）在壺中被燒開的東西，而成爲關於一只燒開的壺的圖畫。寧可說，蒸汽和一只壺在這幅畫中並置在一起，這對我們來說，具有某種意義；我們以特定的方式對這種並置做出反應；這幅圖畫的意義以這樣的方式，進入我們關於它的經驗中：沒有在任何意義上超出這幅圖所表現的內容，我們不知不覺地就把它描述爲「一幅關於一只燒開的壺的圖畫」。

硬說「一直有某種東西伴隨著我因疼痛而發出的哭叫」的那個人，犯了一個類比錯誤。由於看到，疼痛不像哭叫那樣是公共的，他就不滿足於存留在表面的東西，並援用一個錯誤的類比——關於隱藏在一個容器中某個對象的類比——企圖去理解，這種哭叫如何不只是一聲哭叫，而是疼痛哭叫。所以，如果我們要擁有比哭叫（純粹的行爲）更多的東西，似乎就一定得有某種隱藏在哭叫背後的東西——私人對象——由於它，哭叫才成爲疼痛哭叫。我們需要認識到的是，一聲哭叫並不是由於某種隱藏在身體內的東西而成爲疼痛哭叫的，就像一只盒子並非由於裝在裡面的東西才是一件禮物一樣。這樣來描述事物，我們就會受一個錯誤類比的引導去誤解這一語言遊戲發揮功用的方式。疼痛確實不像哭叫那樣是公共的，但是只要這種哭叫被交織於具有特定意義的模式中，疼痛便進入了語言遊戲；這種模式的意義進入了我們關於這種哭叫的經驗，並納入我們對所聽到的東西的不加反思的描述之中。我們並非聽見一聲哭叫，並猜想它是由某個特定種類的私人對象（「這個」）所伴隨的；我們聽見疼痛哭叫、恐懼尖叫、快樂呼喊……等。疼痛、恐懼、快樂並不像哭叫、尖叫、呼喊那樣是公共的；但是，只要我們經驗到這些聲音是有某種特定的意義的，這些感覺便是我們關於所聽到的東西描述的固有要素。

我們心理學語言遊戲的不確定性

維根斯坦就這樣試圖讓我們看清，在某個特定情景中做出的一個姿勢、一聲嘆息、一個怪相的意義，之所以和這些東西關聯起來，並不在於它是某種被猜測到的東西，某種我們基於觀察到的關聯而推斷出的東西。我聽到了一聲嘆息，也就知道了它的意義，一如在某個特定場合，聽人說出「這裡很冷」這句話，就理解了它的意思。一聲嘆息的意義不是給它外加上去的，而是本來就嵌於其中的：

> 我們可以說，「我在他臉上看到了膽怯」，但無論如何，這種膽怯並不只是與這張臉外在地聯繫在一起的；恐懼就生動地寫在臉上。如果面色略微改變了，我們就可以說恐懼也改變了。要是有人問：「你也可以把這種面色看作是表達了勇敢嗎？」——我們似乎就不知道如何把勇敢納入這種面色了。
>
> （《哲學研究》§537）

可是，我們都知道，面部表情也和語詞一樣，充滿了歧義性。維根斯坦想讓我們看出，心理學概念在用法上體現出的這種歧義性或不確定性並非一個缺陷，而是我們語言遊戲的必不可少的組成部分，體現著人類心理現象的本質。即便是上述的那副膽怯面孔，也容得不同的反應。所以維根斯坦才提出，我們可以對是否能把這副面孔視作勇敢的表達這個問題做如下應答：「『嗯，我現在明白了：這副面孔似乎表現出了對外在世界的冷漠。』這樣我們便設法把勇敢也納入了對這副面孔的理解中。人們會說，現在勇敢又適合這副面孔了。」（《哲學研究》§537）但是，爲使勇敢適合這副面孔，我們做了些什麼？或許，我們對自己講了一個故事，也或許我們將這種表情納入了一種不同的行爲模式中，或者納入了對於未來反應的一系列不同期待中等等。一個面部表情的意義，就像我們說出的詞的意義一樣，是隨著情境的變化而變化的，而我對一種表情所處情境的知覺變化也可改變其意義。例如：

> 我看見一幅表現一副笑臉的圖畫。我是怎樣把這種笑一會兒看作善意的，一會兒看作惡意的呢？難道我不是經常把它放在一個要不是善意的，要不就是惡意的時空情境中加以設想的嗎？這樣我就會為這幅圖象加入這樣的想像：面帶笑容的這個人或者是在嬉戲中對著一個孩子微笑，或者是在對著一個敵人發出冷笑。
>
> （《哲學研究》§539）

這倒不是說，在日常生活中，我們會沒有任何特殊理由地修正我們對某一情境的第一反應，並將它放在更廣闊的背景給予不同的解釋：「如果沒有什麼特殊的情景扭轉我的解釋，我會將一個特定的笑視作善意的，稱之爲一個『善意的』微笑，並相應地做出回應。」（《哲學研究》§539）當然，我也會漫無目的地進行這類再解釋的活動，例如我試著把大街上的人都想成自動機，或者我會把我看見的一個大笑的人想成是處在可怕的痛苦中。但是，這要經過一個特別的想像動作，而我得自覺自願地完成這種動作，或許正像維持維根斯坦所說的，帶著一絲彆彆扭扭的感覺。這些想像動作無法成爲一種眞正的（切實體驗的）懷疑的根據，因爲它們不會對我的反應造成侵害，這些反應已通過訓練成爲我的第二本性，並密切關聯於我對所見之物的眞誠描述。我們完全無法在與他人的日常社交中抓住這些觀念不放；我們的自然反應無可抗拒，我們以正常的方式對我們人類生活形式的特定模式做出反應：

> 可是，難道我不可以設想周圍的人都是自動機，缺乏意識，即使他們舉止如常？——假如我此時——一個人待在房間裡——設想我看見人們面目僵硬地（似乎處於一種恍惚狀態）忙他們的事情——這種想法也許有點怪怪的。那你就試著在同（比如）大街上的人進行日常社交時，把這種想法抓牢吧！
>
> （《哲學研究》§420）

不過，我們的反應，在我們如何設想一個情景時所發揮的作用，卻打開了一種分歧和不確定性的可能性，這種可能性是我們的心理學語言遊戲所特有的。例如，一個生來就容易相信他人的人和一個生性多疑的人，會以完全不同的方式看待一個微笑。這乃是我們複雜生活形式的一個特徵：「對於某種感覺的表達是否眞實這一問題，一般而言……並無一致的看法。」（《哲學研究》，第二二七頁）或許會是這樣的情況：「我確信（某人）不是在裝模作樣；而另一個人則不這麼認爲。」（《哲學研究》，第二二七頁）維根斯坦問道，我是否總能讓對方信服呢？而要是我不能讓他信服的話，是否意味著我們中的一個人觀察有錯？對話者說道：「『一個表情的眞實性是無法證明的；得去感受它。』」（《哲學研究》，第二二八頁）此間，我們所熟知的提示是極其微妙的。維根斯坦把它們描述爲「無以估量的證據」，「其中包括妙不可言的一瞥、意味深長的姿勢、韻味十足的音調」（《《哲學研究》，第二二八頁）。因而，「我可以識別出一副眞正可愛的面孔，把它同裝模作樣的面孔區分開來……但我也許怎麼也描述不出這樣差異來」（《哲學研究》，第二二八頁）。在這一情形下，我的判斷或許有十分具體的證實。但是，在別的情形下，情況也許要紛亂得多，很難弄出個所以然來。在有些情形下，我們可能永遠也別想達成最終的一致判斷，從而陷入這樣的境地：誰也不服氣誰。要是被引誘去認爲，再怎麼樣也總有個事實吧，那我們就要這麼想一想：當事者本人或許也感覺到了同樣的不確定性（「我眞的愛她吧？」、「我眞的感到惋惜嗎？」）。這樣的話，當事者就會像其他人一樣，通過找尋某種獨特的行動和反應模式來形成自己的判斷，而他爲其動機所做的解釋，也同樣要受制於這種需要：爲實際所說的話、所做的事，提供一套連貫的說辭。

維根斯坦試圖這樣來捕捉心理學語言遊戲的獨到妙處和不確定性：

關於感覺表達的真實性有沒有所謂的「專家判斷？」——即便在這裡，也可分出哪些人的判斷「好一些」，哪些人的判斷「差一些」。正確些的預測，一般來自更了解人類的那些人的判斷。我們可以學到關於人類的知識嗎？是的，有的人可以。不過，並不是靠修一門課程，而是得通過「經驗」。——在這方面，一個人可以做另一個人的老師嗎？當然可以。他時不時地給他提出正當的告誡。——這裡的「教」和「學」就是這麼回事。——此間，我們獲取的不是某種技法；我們學會了正確的判斷。也有一些規則，但不成系統，唯有經驗豐富的人，方可正確地運用它們。跟那些計算規則不一樣。這裡最難做到的，是把這種不確定性準確無誤地用語言表達出來。

（《哲學研究》，第二二七頁）

就像我們已看到的，正是這種可能性，即追問某人的感覺表達是否眞實，某種程度上，讓關於內在的圖象看似如此貼切。在有疑問生出的情形中，我們自然會把這種疑問表達爲這樣的問題：「在他的內部到底發生著什麼？」我們想要看看，他腦子裡究竟在想些什麼。但這不過就是一幅生動的圖象而已。我們用它意指的是：「我們在別處說，我們想要知道他在想什麼時所意指的東西。」（《哲學哲學》§427）這是一幅很自然的圖象，只是我們對其應用尚不明了。如果我們覺得某人並未坦率地表達其想法，我們確實就會說，他在掩蓋什麼東西，他對他的感受守口如瓶等等。但這些圖象只是換一種說法來說，他並未把他的感覺告知我們。只有當我們被一種錯誤的類比——即把感覺比之於被物理地掩藏或被物理地封入一只瓶子的東西——

引導到對這幅圖象做出不適當的應用時，混亂才會產生。而當我們注意到，這種應用如何和心理學概念實際發揮功用的方式相衝突時，我們便能看出這種應用是不適當的。

疼痛既非某物亦非空無

可是，在做哲學時，還是難以克服這樣一種感覺：總得堅持主張，我們用「他疼痛」這幾個詞描述某人時，我們不只是描述他的行爲，而且也描述他的疼痛。維根斯坦在《哲學研究》§300的開頭，表達出了這種持續的誘惑：

> 我們想要說，在用「他疼痛」這幾個詞玩的語言遊戲中，不只是有關於行為的圖象，還有關於疼痛的圖象在起作用，或者說，不只是有行動的範式，還有疼痛的範式。

他接下來就著手揭示，由這種哲學誘惑表達出的混亂。首要的是，由於急於想著不要否定這種感覺，我們未能留意到，疼痛與表達疼痛行爲之間的一種語法區分：

> 說「關於疼痛的圖象，是隨同『疼痛』一詞進入語言遊戲的」，乃是一種誤解。疼痛的意象並不是一幅圖象，而這種意象在語言遊戲中，是不可以由任何我們應稱之為一幅圖象的東西取代的。——疼痛的意象確實在某種意義上進入語言遊戲；只不過不是

作為一幅圖象。

（《哲學研究》§300）

談及一幅「關於疼痛的圖象」，就和談及關於某個數或某個聲音的圖象一樣，都是沒有意義的；這一概念的語法是這樣，它使得我們談及去設想疼痛而不是去圖示它或使之形象化是有意義的。這樣，我便可以形成關於疼痛的意象，就像我可以形成關於某個聲音的意象（儘管不可以形成關於某個數的影像）一樣，而且我可以勿需設想以任何特定的方式做出行爲，而去這樣做。而且，我們設想的東西確實就是我們的語言遊戲所描述的那種感覺。就疼痛概念的語法將它聯繫於某個感覺而言，它是把它聯繫於某種可被設想卻不能被圖象化或形象化的東西。我們這裡仍然是這樣來處理疼痛與疼痛行爲間的區分的：並不試圖把它們當成平等的搭檔——這邊是行爲的圖象，那邊是疼痛的圖象——而是去觀察這兩個概念之間的語法區分：可以有一幅圖象對應於我關於疼痛行爲的意象，卻沒有圖象對應於我關於疼痛的意象。正是通過這些語法區分，我們才把握到了關於我們的概念所描述現象類型差異的眞正根據。

《哲學研究》§300頭所表達出的這種誘惑，是和另一種誘惑聯繫在一起的，這種誘惑就是：假定對「疼痛」一詞的理解，要求我們設想某種與之關聯著的東西。我們由自己的情形獲知「疼痛」一詞的意義，隨後又把這種觀念傳達給別人——這樣的想法，賦予了想像力以一種對於理解感覺概念的獨特作用。我們已結合維根斯坦關於私人展示概念的評論，考察了想像力在理解疼痛概念中所起的作用，但是，在《哲學研究》§302中，維根斯坦是從另一視角來考慮想像的作用的：

如果一個人必須依照自己的疼痛去設想另一個人的疼痛，那絕不是一件容易的事情；因為我不得不依照我確切感覺到的疼痛，去設想我並未感覺到的疼痛。即是說，我所要做的，並不只是把想像從疼痛發生的一個地方轉到另一個地方，就好比由手上的疼痛轉到胳臂上的疼痛。因為我並不是要去設想，我在他的身體的某個部位感覺到了疼痛。（這也是可能的。）

維根斯坦這裡關注的，並不是如下這一觀念的空洞性：我們是通過「以我們的想像力」指著一個感覺來定義「疼痛」一詞的，而是這樣一種幻覺：理解疼痛概念的第三人稱用法，涉及我形成關於疼痛的某種意象（我隨後又將它傳達給他人）。想像力如何發揮我們這裡試圖賦予它的作用呢？我關於疼痛的意象如何能成爲另一個人的疼痛的模型呢？形成關於某種感覺的意象，不過就是設想感覺到某物。要將我關於疼痛的意象傳達給另一個人，我就不得不設想我並未設想感覺到的一種感覺，而這純粹就是一個矛盾。我們對內在與外在圖象的這種應用，忽略了關於某種感覺的概念與關於某個感覺到這種感覺的主體的概念之間的語法關聯。我不可能撇開某個正感覺著的主體只設想這種感覺本身，然後再補充說，要麼他有這種感覺，要麼我有這種感覺，要不我設想我在感覺疼痛（形成關於疼痛的意象），要不我設想另一個人在感覺疼痛。後者並未讓我形成關於疼痛的意象，也不需要我設想對方以任何特定的方式做出行爲。例如，我可以設想某人處在疼痛中而沒有表達出來。這或許要求我說一個精心編織的故事，但它並未讓我依照我自己的疼痛去設想他的疼痛。我們企圖通過便我們關於疼痛的意象成爲理解這一概念的根本而去區分疼痛和疼痛行爲的願望，是違背貫穿於這一語言遊戲中的某種語法不對稱性的。我們必須看到的是，正是通過關注這種特定的不對稱性而不企圖去解釋它，我們才揭示出了我們希望做出的這種區分的本質。

難以得到認可的是，正是我們感覺概念的獨特語法賦予了內在與外在圖象以意義，無論這種意義是什麼：我們通過把疼痛描述爲內在的、把哭叫描述爲外在所意指的東西，全在這些概念如何發揮功用的語法差異中了。關於內在與外在的圖象，導致了這樣一種應用，它引導我們忽略明擺在我們概念語法中的那種區分，也引導我們把感覺本身視作隱藏在我們最初以內在觀念把捉到的東西背後的某種東西。維根斯坦在拒絕這幅圖的這種應用時，看似在否定內在世界，可他所做的不過是：提醒我們留意我們的圖象想要把捉的那種區分的眞實本性，並揭穿我們的那些毫無意義的應用的眞面目。因而，當對話者問：「『可你肯定得承認，有疼痛伴隨的疼痛行爲與沒有疼痛伴隨的疼痛行爲之間，存在著某種差別吧？』」（《哲學研究》§304）這時維根斯坦回應道：「承認這一點？這能有多大差別呢？」（《哲學研究》§304）這是一種存在於我們語言遊戲的語法中的區分。我們語言的這一區域就有這樣的特點：某人可以就他感覺到的東西撒謊，也可以裝痛，還可以演一個忍受疼痛的人等等。學會這種語言遊戲，既包括掌握這些不同的把戲，也包括識別和理解他人行爲中的這些區分。在後一情形下，就要包括，我們去發覺並適當回應這些微妙而複雜的行爲模式，我們能嗅出它們來，卻永遠也不能弄得一清二楚。對話者覺得必須堅持的那一區分並未被否定，因爲它乃是我們語言遊戲之結構所固有的。可是，對話者爲什麼會以爲，維根斯坦否認這種區分呢？

對話者這樣表達他的關切：「『可你一再得出這樣的結論：感覺本身是一個空無。』」（《哲學研究》§304）維根斯坦回答道：「完全不是這樣。它既非一個某物，亦非一個空無！」（《哲學研究》§304）他並沒有說，在疼痛哭叫背後，沒有任何東西，只有行爲。確切說，是這麼回事：如果我們把感覺設想爲我們每個人由自己的情形得知的對象，那麼「一個空無，就會像一個某物一樣管用」，因爲這種私人對象與「疼痛」一詞的用法（即意義）沒有任何關聯；它是「某種無法就其說出任何東西的東西」（《哲學研究》§304）。維根斯坦的回答並不是要否認疼痛的存在，而是要拒絕，「某種試圖在這裡將自己強加給我們的語法」（《哲學研究》§304）。因爲，「要消除這一悖論，我們就得徹底棄絕這種觀念：以某種方式發揮功用的語言，總服務於同一個目的，那就是傳達思想——可以是關於房屋的、關於疼痛的、關於善惡的，或者關於任何別的東西的」（《哲學研究》§304）。正是通過認識到哲學語言的這些不同區域發揮功用的方式上的差異，我們才得以擺脫不適當應用內在與外在圖象的衝動，這種衝動就隱藏在對話者關於某種東西被否定了的感覺的背後；也正是通過這種認識，我們才把握了對話者感到必須得堅持的那種區分的眞實本性。關於維根斯坦一心要否定某種東西的印象，「源自我們堅決反對關於『內在過程』的圖象。我們否認的是，關於內在過程的圖象，給了我們關於（我們的心理學概念）用法的正確觀念。我們說，這幅圖象連同其衍生物，妨礙著我們如實地看待（這些表達式）的用法」（《哲學研究》§305）。於是，當對話者問：「你難道不就是一個遮遮掩掩的行爲主義者嗎？你歸根到底不就是在說，除了人類行爲之外，一切都是虛構嗎？」維根斯坦回答說：「如果我確實談到一種虛構的話，那便是一種語法虛構。」（《哲學研究》§307）

這一章裡，我試圖描述維根斯坦如何利用語法研究的技法，來表明我們傾向於對內在與外在圖象所做的應用完全是空洞的。他逐步使我們看清，對這幅圖象這種誘人的應用，不僅和心理學概念實際被使用的方式拉不上任何關係，而且在企圖闡明在我們語言的語法展露無遺的那種區分時也是白費力氣。不只是對關於內在的圖象的這種應用是空洞的，就連關於隱藏著的心理事實提供了某種至關重要的、缺了它我們就只是事物而已的東西的觀念本身也被表明，乃是根植於一個根本錯誤的觀念，這便是關於我們的心理學概念與人及其他動物機體的移動、姿勢及表達方式的特定形式之間關係的觀念。我們錯誤地傾向在公共對象與私人對象之間做出的劃分，被表明實際是根植於描述構成我們世界現象的那些概念間的語法區分之中的。然而，有了這些，我們卻仍感到有個問題尙未解決。在對維根斯坦的評論進行解說的過程中，我一直將一個生命體所做出的移動、姿勢、聲音等的意義，視爲進入了我們關於它們的經驗，所以在把一聲哭叫描述爲疼痛哭叫，把一個微笑描述爲善意的，把一個面孔描述爲敵意的時候，我並未超出知覺所與的範圍之外，或者去沉思隱藏在它們背後東西的本性。但是，這是如何可能的呢？一聲哭叫，或一個微笑，或一副面孔的意義，如何可能進入我們關於它的經驗呢？假如某人看見一個微笑卻沒有看出它是一個微笑，那不是因爲他的視力有什麼問題，正好像一個人未能把握用他不懂的一種外語說出的一句話的意義，並不是因爲他的聽力有問題。我們把這個微笑看成善意的，或者把這聲哭叫聽成疼痛哭叫——這種觀念是和下面這個誘人的觀念相衝突的：一種知覺性質就是可爲任何一個擁有適當知覺稟賦（perceptual equipment）的人所覺察的性質。我下面就轉向這一問題。

第六章　看見與看見模樣：《哲學研究》§398—401；第二部分第十一節

導 言

在前兩章中，我們看到維根斯坦是如何致力於克服如下這種觀念的：關於某個私人對象的觀念，解釋了心理學概念與非心理學概念，或者主體與非主體之間的差異。他對關於私人對象的哲學神話的克服主要體現爲，他承認在我們關於人及其他動物的經驗與我們關於機器及其他無生命對象的經驗之間存在著質的差異。我們的語言遊戲所展現的本體論分割，並不是內在領域與外在領域之間的，而是其生活形式使之可作心理學描述的那些身體與跟心理學概念沒有關係的那些對象之間的。這種在構成我們世界的現象範疇之間所做的基本劃分，有一個重要的方面，那就是我們體驗它們方式上的質的差異：語詞和哭叫聲，其他生命體的姿勢、移動和面部表情，對我們都有一種意義，這種意義進入了我們關於它們的經驗，並實質性地出現在我們關於所看見、所聽見的東西的描述中。可是，我們看問題方式的這些轉變，一方面有助於我們抵禦構造關於心理狀態之本質的神話式圖象的誘惑，另一方面卻又似乎直接和產生於我們語言遊戲的一個不同區域即以知覺概念爲中心的那個區域的某些強烈直覺相衝突。我們確實會覺得，我們在看一個對象時，眞正被看見的，是可解釋爲客觀物質世界的直接感覺結果的東西，亦即對象的形狀、顏色、組織和運動。同樣，眞正被聽見的，是不同音高、音頻和音量的聲音。任何歸之於某個對象的進一步的性質，都必須以某種方式由實際知覺到的性質推斷出來。

維根斯坦將這種直覺清晰地表述如下：

「我真正看見的，必定是由於對象的作用而在我這裡產生出來的東西」——那麼，在我這裡產生出來的東西就是一種複製品，這種東西反過來可被觀看，可出現在我們面前，幾乎就像是某種靈魂顯形（materialization）。而且，這種顯形就是某種空間之物，必定可用空間術語加以描述。例如（如果它是一張臉的話），它可以笑；不過，善意這個概念在關於它的描述中沒有位置，和這種描述不相干（即使對它也許有所幫助）。

（《哲學研究》，第一九九頁）

這種關於視知覺的構想，至少部分地將看見（seeing）描述成了對手某個在空間中關聯起來的有色形狀領域的意識，這種意識是由於物理對象作用於感知著的主體的感官表面而在他那裡產生出來的。物理對象被當成，在主體那裡產生出了某種東西——一種視覺印象——這種東西只有他意識到了，並且將他的經驗表徵為關於世界的一種視覺經驗。這幅關於知覺的圖象，誘使我們這樣來看待知覺經驗的內容，亦即依據於關於某個物理對象的這種視覺印象或許應予以記錄的某個對象的性質：顏色、形狀、形狀間的空間關係、組織等等。而正是這種關於知覺內容——「眞正被看見的東西」——的觀念，此時促使我們想這樣說：「你說到看見這張臉是善意的，但你是如何可能看見這種善意的？」整個一類看似知覺報告的東西，突然間就變得令人迷惑起來，因為我們彷彿時時處處都在談論，看見了那些我們關於知覺的圖象此時促使我們認為無法眞正被看見的東西。

視知覺作為對關於有空間關聯的有色形狀印象的意識，這樣的觀念由何而來？顯然有一種強烈的誘惑促使我們認為，我們的觀念是根植於某種知覺理論的，這種理論建立在關於眼睛及刺激它的光的類型的科學理解基礎之上。然而，維根斯坦卻要把這幅圖象的根源，追溯到關於「視覺經驗」這個概念實際如何發揮功用的模糊認識，以及這樣一種誘惑：假定我們可以通過苦苦思索看見是怎麼回事，來理解視覺經驗的本性。這樣，關於知覺的這幅圖象便決定著我們的探究形式，並引出一系列難題，我們覺得只有通過進一步闡明視覺經驗在於什麼才可望解決這些難題。維根斯坦想讓我們看到，由我們關於視覺經驗之本質的圖象所引出的這些問題，並不能藉助一種知覺理論加以解決，因為問題就存在於關於視覺經驗和被看見物的圖象一開始控制我們的想像力的那幾個步驟中。他認為，只有當我們回到困惑的根源，並弄清我們關於看見、關於被看見物、關於視覺經驗的概念實際如何發揮功用的時候，才可望解決我們的難題。因為他相信，除非通過描述在我們關於將視覺經驗歸於我們自身及他人、關於描繪被看見物等的語言遊戲中出現概念的語法，否則便無法理解視覺經驗的本性或本質。我們這裡看到的，又是關於這樣一類特別的問題的情形：它們表達出了一種關於我們世界中的現象——那些在沒有誰問時我們還知道但在被要求給出某種解釋時卻又不知道了的事物——之形式的困惑，而這樣一些問題只有藉助某種語法研究才可回答。一種語法研究不僅會為我們提供所尋求的理解，而且會表明我們傾向於構建的關於看見狀態和被看見物的那些圖象如何完全不適合於人類知覺現象，因為這些現象是在我們語言的語法中被揭示出來的：

> 我們必須要做的是，接受日常的語言遊戲，並指明關於這件事的虛假解釋，就是虛假的。孩子們被教會的基本語言遊戲，勿需辯護；欲行辯護的企圖需加以拒斥。
>
> （《哲學研究》，第二〇〇頁）

維根斯坦關於我們語言的這一區域如何發揮功用的討論，出現在散見於《哲學研究》第一部分的少數幾個評論中，以及《哲學研究》第二部分最長的那一節中。第一部分中的那些評論大都與上兩章關注的話題相關，因爲它們都是針對這種誘惑的：構造關於某一視覺印象的觀念，這種印象乃是一主體在知覺一對象時出現在他之中的某種東西，而且我們只有基於自身的情形通過內省才能知道它。第二部分的評論在寫作時間上晚於第二部分的那些評論，更多關注的是，「看見」這個概念在我們日常語言遊戲中實際是如何發揮功用的。維根斯坦後來這些評論的目標是，通過密切注意我們語言遊戲的詳細運作過程，驅散籠罩在知覺概念上的迷霧。因此，他集中考察了我們使用看見及看成（seeing-as）概念和關於被看見物描述的許多事例，以使我們認識到，視覺經驗概念發揮功用的方式如何不同於我們做哲學時傾向於設想的那種方式：

> 不要以為，你事先知道「看見**狀態**」在這裡意指什麼！讓用法**教給**你意義。我們之所以感到，關於看見的某些東西令人迷惑，那是因為我們尚未充分認識到，關於看見的整個事情是多麼令人迷惑。
>
> （《哲學研究》，第二一二頁）

視覺房間

我們先來看《哲學研究》第一部分的幾段評論，它們集中關注這種誘惑：依據只有感知著的主體才能接近的某個視覺印象的出現來描述視覺經驗。我想仔細考察的這幾段評論出現在《哲學研究》§398—401中。這些段落主要討論「視覺空間」這個概念，其晦澀難解是出了名的。這幾段話的目的是想表明，關於出現在知覺主體的意識中的某個視覺印象的觀念，一旦被具體地應用便會露出破綻。如果我們認爲視覺經驗依賴於某些視覺印象在感知者心靈中的存在，那麼我們就得更準確地說出，這些印象是什麼類型的事物，以及我們和它們有什麼樣的關係。維根斯坦在關於視覺房間的討論中試圖表明，我們沒有可應用於當下這個情形的語法模型；當我們被迫把關於「我的視覺印象」的觀念弄得更準確些的時候，便會發現，不知該如何設想它，或者我們與它的關係。

《哲學研究》§398的開頭，表達了依據擁有某些私人意象或感覺材料去設想視覺經驗的誘惑：

「可是，在我設想某種東西，甚或實際看見對象時，我得到了某種我的鄰人沒有得到的東西。」

對話者這裡給我提供了這樣一幅圖象：知覺一個對象或物理景象包含著，我之擁有可向別人描述、卻只有我才意識到或接近的某些視覺印象。下面這種考慮會迫使我們相信這幅圖象：如果讓一個視覺正常的人和一個紅綠色盲，同時看一個含有許多紅色和綠色對象的景象，那麼他們各自看見的東西會是不同的。但是，由於他們看的是單一的景象，所以差別必定在於他們關於它的經驗，而不在於任何客觀的東西。這樣，我們便被引導去把他們當中的每一位描述爲意識到了他自己的視覺印象，另一個人只能通過描述知道它們，彷彿每個人私自得到了另一個人永遠別想得到的東西。維根斯坦充分意識到了這幅圖象的吸引力，並這樣回應對話者：

> 我懂你的意思。你想環顧左右並說：「不管怎麼說，就我得到了這個。」
>
> （《哲學研究》§398）

然而，他接著便質疑，我們感到不得不說這些時，到底想要表達什麼意思：「說出這些話是要做什麼？它們不適用於任何目的。」（《哲學研究》§398）他接著寫道：

> 難道我們不可以再加上這樣的話嗎：「這裡不存在關於某次『看見』的問題，從而不存在關於某次『擁有』的問題——也不存在關於某個主體的問題，從而也不存在關於『我』的問題？」

維根斯坦爲什麼要說不存在關於某次「看見」的問題？假如我們用「看見」意指我同四

周物理對象所處的那種關係，則顯然，我並不和我所謂的視覺印象處在同樣的關係中。我沒有一雙肉眼守著這些印象，一如我的一雙肉眼守著我正凝視的物理景象。無論我和所謂的視覺印象處於什麼樣的關係，它都不可能是看見它的一種關係——至少在「看見」的上述意義上。這樣，我的視覺印象，就不能像一個物理對象或一幅物質性的圖畫那樣作為視覺意識的對象。維根斯坦問道，要是這樣的話，在何種意義上，我可被說成是「擁有」這些印象；在何種意義上，存在著我與之處在一種「擁有」關係之中的「某種東西」呢？我們受到引誘，去依據我之擁有某些視覺意象來設想視覺經驗，而解釋這種經驗最自然的方式，就是依據這些意象之作為意識的對象。但是，我們卻並不擁有關於我們這裡談及的這類「意識的對象」，或者我們同它的關係的任何清晰的模型，因為我們並未像看見一個景象的某種物質性表現那樣切實看見這些意象。

維根斯坦接下來進一步從語法角度攻擊了這種觀念，即我們應當依據我們每個人之接近沒有任何他人可以私自接近的那些意象來設想視覺經驗：

> 我難道不可以問：在何種意義上，你得到了你談到的，並且說只有你才得到了的東西？你擁有它嗎？你甚至沒有看見它。但難道不真的得說，沒有誰得到了它？而這一點也很滿楚：假如你從邏輯上排除了他人擁有某種東西的可能性，那麼說你擁有它也就沒什麼意義了。
>
> （《哲學研究》§398）

對話者說，他「得到了」他的鄰人沒有得到的東西，他是什麼意思？他在何種意義上「擁有」它？說我「擁有一個視覺印象」（在「擁有一個對象」的意義上），是沒什麼意思的，因爲擁有這一概念的這種用法，要求這樣一種語法對象，其同一性不依賴於所有權。從而對它的擁有可以從一個個體傳遞給另一個。關於某個語法對象的這種觀念，並不適合於關於某個視覺影像或視覺印象的概念，因爲，和我看見的某個物理對象不同，我的視覺印象並非是可同經驗它的動作分離的某種東西。那樣的話，關於我「具有某個視覺印象」的談論，便無法指謂，我處在同某類特殊的感覺對象的某種關係中；關於某個對象的概念，根本就不適用於這種情形。我們已開始看到，當我試圖應用關於作爲每當我看見某物就擁有的某物的視覺印象——這種東西初看之下是如此地直觀和不成問題——的圖象時，我無法將它同任何東西聯繫起來，因爲根本沒有什麼東西，既是意識的對象，又只能爲這一主體所接近。

那麼，當對話者說，他看見某物時，他「得到了」某種他的鄰人沒有的東西，他指的是什麼？維根斯坦承認：「我確實說了，我在內心裡知道你意指的東西。」（《哲學研究》§398）可是，他此時卻對這一評論做了這樣的注解：

> 但這意味著，我知道一個人，如何想著去設想這個對象，去看見它，去使他的觀看和指物動作意指它。我知道一個人，如何在此情形下，向前盯視和環顧四周——以及其他的事情。我認為我們可以說：你是在談論（比如，要是你正坐在一個房間裡的話）

「視覺房間」。

（《哲學研究》§398）

「視覺房間」這個概念被引入，是作爲一個術語去描述我關於物質房間的視覺印象的，這種印象被當成是物質房間在我這裡產生出來的。視覺房間並不就是物質房間，而只是關於物質房間的視覺印象；它被當成我在看後者時，在我這裡產生或出現的某種東西。

但是，維根斯坦爲什麼說這個視覺房間「沒有主人，不管是住在外面的，還是住在裡面的？」要回答這一問題，我們得先看一下維根斯坦此時用到的在視覺房間與物質圖畫之間的一個類比。他要我們「想像這樣一幅風景畫，畫面上是一處想像的風景，裡面有一棟房子」（《哲學研究》§398）。引入這個類比的用意很清楚，因爲我們想把視覺房間想像爲物質房間的某種感覺投影，這種投影產生於知覺主體的意識，而且只能爲這種意識所接近。視覺房間是關於這個房間的一幅畫的類似物，既然兩者都可視作對物質房間的表達。我們已看到，這一類比無法嚴格地加以應用，因爲，和物質圖畫不同，我們不能把視覺房間本身視作一類對象。然而，這仍不能排除這樣的想法：儘管視覺房間不是關於某個房間的一幅圖畫的心理類似物，可它仍然（不知怎地！）是爲我所有的一種視覺表達。維根斯坦接下來用這種與物質圖畫的類比來表明這種想法也是一個幻覺。他這樣寫道：

有人問：「那是誰的房子？」——這麼說吧，回答可能是：「它是那個農夫的，就是坐在房前那條凳子上的那位。」可他卻無法（比如）走進他的房子。

（《哲學研究》§398）

如果我們想一想，如何才能回答這個關於這所被表達的房子的所有權的問題，就可以清楚地看到，唯一可能的回答，必須提到作爲同一圖示表達的一部分的某種東西。此外，任何一種訴諸這一圖示要素的回答，都不會是在描述一種眞實的關係，而是得基於圍繞這幅圖展開，或者由這幅圖講述的一個故事，因爲，日常生活中用於界定所有權的標準，不能應用於被圖示的對象（「〔這位農夫〕無法〔比如〕走進他的房子」）。如果我們不把這個視覺房間看作一個對象——一幅物質圖畫的心理類似物——而只看作物質房間的一種表達，那麼，維根斯坦就指出，「視覺房間的所有者，一定得是和它屬於一類的東西」。如果從談論進所表達的對象，轉向談論表達，那麼語法也就轉變了，而且這種語法轉變意味著，我們依然沒有關於我們如何設想主體同其視覺印象之關係的模型。因爲新的語法和舊的語法一樣，均不適合這種情形：視覺房間既無住在外面的，也無住在裡面的所有者。

如果我們試圖把視覺印象，當成物質世界的私人的感覺表達，我們便會發現，既無從指明它們是怎樣一類事物，也無從確定我們和它們有什麼樣的關係。不存在某幅物質圖畫的心理類似物，唯有我能接近它；說一個人類主體「具有」或「擁有」僅是一種表達的東西，是沒有意義的。當有人要求我們更準確地說出一個主體和他所謂的視覺印象處於何種關係中時，我們便發現無法提供這種關係令人滿意的模型。維根斯坦讓我們認清下述想法乃是一個錯誤：

關於「我的視覺印象」，或者我「擁有如此這般的視覺印象」的談論，讓我們認識了一類新的實體，每當我看見一個對象，這種實體就存在於我之中，而且是同該對象因果地關聯著的。關於視覺印象的討論實際不過是說「我看見……」的另一種方式：維根斯坦指出「視覺空間看似一個發現，但它的發現者所發現的，乃是一種新的說話方式，一個新的類比」（《哲學研究》§400）。

維根斯坦這裡所指的「新類比」，就是我關於這個房間的視覺經驗與它的一幅圖畫之間的類比。依我們看，這一類比簡直妙不可言，因爲一幅圖畫正是把我們的注意力引向了我們平常意識不到的、有關視覺經驗的某種獨特的東西，也就是它特有的透視本性（perspectival nature）。正是這種發現，某種程度上促使我們將客觀房間同我關於它的視覺印象區分開來。因爲，我看到的一張桌子是（比如說）方形的，而如果我想把我看見的東西畫下來，我卻得畫出一個不對稱的東西。所以，我的視覺印象似乎具備一些客觀特徵，它們並不是我所看見對象的特徵。我們面對的誘惑是，將我的視覺經驗劃分爲這樣兩個部分：一部分是某種視覺印象，其客觀特徵反映了這一景象的某種圖示表達的特徵，另一部分是我的經驗作爲其經驗的那種東西，亦即導致視覺印象在我這裡出現的那個物質房間。維根斯坦一直試圖表明的是，生造出關於私人視覺印象的觀念，也就弄出了一頭大怪物。這裡沒有什麼新對象——視覺印象——被發現：我們只是找到了一種表達我們之所見的新方式。

維根斯坦在《哲學研究》§401中對這些論點做了如下闡述：

你有了一個新構想，並把它解釋為，看見一個新對象。你把你自己做的一個語法轉換，解釋為你正觀察的一種準物理現象。（想一想〔比如〕這樣的問題：「感覺材料是不是構成宇宙的材料？」）

不過，對於我說你做了一個語法轉換，可提出一點異議。你本來發現的，就是一種新的看事物的方式。就好比你發明了一種新的繪畫方式，或者一種新的格律、一種新的歌曲。

維根斯坦之所以質疑稱之爲一種「語法轉換」的正當性，是這樣會讓人覺得，我們發明了一種新語言遊戲，或者設想視覺經驗的一種新方式，而我們眞正做的不過是想到了表達我們之所見的一種新方式：「一種新的看事物的方式。好比（我們）發明了一種新的繪畫方式。」以一幅完全由有色形狀構成的二維圖畫來表達我們的視覺經驗，這種做法之所以給我們留下了深刻的印象，是它似乎恰如其分地概括出了，從一種特定的觀點看某一景象是怎麼回事，但是，我們可不要受此誤導，以爲存在著這幅圖畫的某個心理類似物，其客觀特徵由這幅圖畫描繪出來。這種表達視覺經驗的方式，正是描述我所見的一種方式，但它並不能特別聲稱揭示出了一類新對象，這類對象拋開視覺經驗的核心，即便我們平常從未注意到它。

維根斯坦這麼批評關於我的視覺印象的概念，顯然並不是想否認視覺經驗具有獨特的感覺內容。不過，關於視覺經驗的這種獨特感覺內容的觀念，並非關聯於關於只能爲我所接近的某物的觀念，而是關聯於對象的那些只能爲視覺把握的敏感性質。只爲視覺把握的敏感性質，在任何意義上均不只屬於我；例如，「紅色」這個概念，並非沿一個方向指著某種公共的東西，沿另一方向指著我內部的某種通過內省得知的東西。維根斯坦警告說，我們一定不要「把顏色印象和對象拆分開來，就像扯下一層薄膜那樣」（《哲學研究》§275）。讓他感到奇怪的是，我們怎麼「可能被引誘去認爲，我們一會用這個詞意指人人皆知的那種顏色——一會又用它意指我此時正得到的『視覺印象』」（《哲學研究》§277）。他指出，正是當我們不再留意我們所見之物，並關注於我們關於這種顏色的經驗的時候，當「我沉浸於這種顏色」（《哲學研究》§277）的時候——我們創造出關於「我的紅色」的哲學幻相。所以，並非是說維根斯坦否認視覺經驗有一種獨特的感覺內容，而是說它像視知覺的任何別的特徵一樣，把我們引向一個主體間的物理對象世界，而不是引向出現在我內部的某種東西。

所有這些論點都完全是否定性的。它們表明，假如我們通過苦苦思索（例如）看見一個房間是怎麼回事，來處理如何理解視覺經驗的問題，那麼我們勢必會被引導去依據知覺主體直接獲知、他人無法接近的意象來設想視覺經驗。我們被引導去以內省呈現它的方式設想視覺經驗：作爲對純粹可見之物的一種有意識的表現，作爲一種獨特的經驗性質，我們每個人都由自身情形獲知它，並試圖通過盯視前方並說出「這個」而指明它。關於視覺房間的評論揭示出，這種關於作爲一種意識現象的視覺印象的觀念是空洞的，我們既說不出這種特別的意識對象爲何物，也說不出我們同它的關係會是怎樣的；作爲私人經驗對象的視覺印象，乃是一種哲學幻相。維根斯坦獨闢蹊徑，以完全不同的方式處理如何理解「視覺經驗」概念的問題：進行一種關於我們這一語言區域中的概念實際如何發揮功用的語法研究。他在《哲學研究》第二部分第十一節中，認眞地做著這種語法探討。這些評論的主要目標有兩個：第一，克服那種關於內省對於理解視覺經驗之本性的重要性的言過其實的說法；第二，揭示出存在於視覺經驗概念，與以特定的方式做出行爲和反應，或者有能力做某事之間的語法關聯。

看見與看成

《哲學研究》第二部分第十一節一開頭，便對「看見」一詞的兩種用法做了區分：

一種是：「你在那裡看見了什麼？」——「我看見了這個。」（接下來，給出一種描述、一個圖畫、一個複製品）另一種是：「我在這兩張臉上，看見了一種類似性。」

（《哲學研究》，第一九三頁）

「看見」一詞的這兩種用法之間的區分，顯然和本章開頭提到的那個問題有聯繫，因爲在這第二種用法中，有另外一種情形，在那裡我們說是「看見了」某種東西，可哲學的思考卻使我們想說我們無法眞正看見這種東西。理由之一是，未能看見一種類似性，就像未能看出一個微笑是善意的一樣，並不意味著某個主體的視力有缺陷，或者他的眼睛出了毛病。維根斯坦注意到，確實會有這樣的人，他可以把兩張臉十分準確地畫下來，卻未能看見另一個人一下子就注意到的某種類似性。這樣，關於「看見」一種類似性的觀念，在我們關於作爲一種由於物理對象作用於我們的感官表面而產生的感覺印記的視覺經驗的圖象中，根本就沒有任何位置。這麼一來，我們說「看見」了這種類似性，是不是弄錯了？我們該不該否認，注意到了這種類似性的人和沒有注意到它的人，以不同的方式「看見」了這兩張臉？維根斯坦則指出，我們需識別出「兩種視覺『對象』之間的範疇差異」（《哲學研究》，第一九三頁）。他正是通過研究「看見」一詞的第二種用法的一些實例，來試圖揭示出知覺概念發揮功用的方式，完全不同於我們在通過沉思看見是怎麼回事來處理它時，傾向於認爲的那種方式。

討論從下面這個情形開始：「我注視著一張臉，突然間注意到它和另一種臉的類似性。」（《哲學研究》，第一九三頁）維根斯坦注意到，在這個情形中「我看見它並未改變，而我卻仍以不同的方式看見了它」（《哲學研究》，第一九三頁）。他把這種現象——在這裡，我既看見一個對象並未改變，又仍然以不同的方式看見了它——稱爲「注意到了一種模樣（aspect）」（《哲學研究》，第一九三頁）。這個例子把我們帶入了我們所開始的那些問題的核心，因爲它呈現給我們這樣一種情形：在那裡，我們似乎在視覺經驗之間做出了一種區分——識別出了所看見之物中的一個差異——而同時又承認，在另一種意義上這一對象並未改變。當我們說，我以不同的方式「看見」這一對象，卻仍然在另一種意義上看見它並未改變時，我們如何去理解「看見」一詞的用法呢？我突然注意到一種模樣時，發生了什麼？如果對象本身沒有改變，改變的是什麼呢？通過研究我們語言遊戲的這個區域，維根斯坦逐步使我們對視覺經驗概念的理解發生了實質性的轉變，而要減弱關於作爲由對象作用於我的感官表面而在我這兒產生出的視覺意象的知覺的圖象對我們的控制，這種轉變是必需的。

為便於我們進一步研究看見模樣（aspect seeing）的現象，維根斯坦要求我們考慮下面這幅他從 Jastrow 那裡借用來的鴨兔圖（《哲學研究》，第一九四頁）：

這幅圖是模稜兩可的：它要不被看成一隻鴨子，要不就被看成一隻兔子。如果我看著這幅畫，並一會以這種方式，一會以另一種方式看見它，那麼我們顯然又有了這樣一個例子：在這裡我想說，我以不同的方式看見這個圖，卻也看見這幅圖並未改變。在第一種意義上談論「看見」是正確的嗎？維根斯坦問，難道不可能是這樣的情況：這幅圖出示給我，我卻從未把它看成關於一隻兔子的圖以外的任何東西，我根本就沒想到看見這幅圖的另一種方式？他把這種情況稱為「持續地看見模樣」，以區別於一種模樣的「浮現」。在這種情形下，若被問起，看見了什麼，我會毫不遲疑地回答：「我看見一幅兔子圖。」我們會發現，在某張卡通畫中就用到了這幅圖，或是講個故事，或是給某人以指導，或是告知他人兔子來了；在這些情況下被看見的話，這幅圖的鴨子模樣，或許就不會被注意到。維根斯坦稱這些圖畫為「圖畫－對象」。而且他注意到，我們與它們所處的關係，有點類似於我們同它們所表現的對象的關係。因而：

> 這裡引入圖畫—對象的觀念是有益的。例如：
>
> 
>
> 就是一張圖畫—臉。

就某些方面而言，我和它所處的關係，類似於我和一張人臉的關係。我可以琢磨它的表情，可以像對人臉的表情那樣，對它做出反應。一個孩子可以對圖畫—人或圖畫—動物說話，可以像對待玩具娃娃那樣對待它們。（《哲學研究》，第一九四頁）

那麼，我們就假定，我一直都把 Jastrow 的鴨兔圖看成圖畫—兔子。如果有人問我：「那是什麼？」，我就會回答：「一個圖畫—兔子」，而且會通過談論兔子來回答更進一步的問題：描述它們及它們的習性，拿出它們的其他圖畫、模仿它們等等。維根斯坦注意到，在這種情形下，我們不會通過說，「我現在正把它看成一個圖畫—兔子」，或者「我把它看成一個圖畫—兔子」，來描述我所看見的東西，而只是「描述我的知覺：就如同我說『我看見那邊的一個紅色圓圈』」（《哲學研究》，第一九五頁）。不過，知道這幅圖模稜兩可的人，會這樣說我：「她正把它看成一個圖畫—兔子。」「看成」這樣一個表達式不會被用在我們只是報告一種知覺，或者描述我們所看見之物的情境中；「我正把它看成……」並不是關於被看見之物的一種簡單報告：

對我而言，說「我現在正把它看成（一個圖畫—兔子）」是沒有意義的，就如同在看到一副刀叉時，說「我現在正把這看成一副刀叉」是沒有意義的一樣。

（《哲學研究》，第一九五頁）

如果你說「現在我看出它是一張臉了」，我就可以問：「你指的是什麼樣一種改變？」

（《哲學研究》，第一九五頁）

這麼一來，看見 Jastrow 的鴨兔圖並用「一隻兔子」來回答「那是什麼？」的問題，這種情況表明，我並未注意到這幅圖的模稜兩可性：我只是在報告我的知覺。然而，如果我知道給我看的是一幅模稜兩可的圖，那麼我會以兩種不同方式中的一種來回答這一問題。我可能會說「那是鴨—兔」。維根斯坦指出，這也是一個知覺報告，亦即關於我看見的是什麼（在視覺「對象」的第一種意義上）的報告。但是，我也可能這樣回答說：「現在我正把它看成一隻兔子。」就像我們已看到的，這就不能簡單地理解爲關於我的知覺報告了，或者理解爲關於我所看見對象的描述了。而如果模樣現在變了，我可以把這種改變報告如下：「圖畫變了。我現在正把它看成一隻鴨子。」我描述我所看見之物的改變，「正好像對象就在我眼皮底下變掉了」（《哲學研究》，第一九五頁），彷彿我每次都眞眞切切看見了不同的東西。然而，我用於描述這種改變的話語中，也還會帶著這種認可，即這個圖（對象）沒有變：圖畫完全不同了，可它還是同一個東西。假如我們這裡根本不想談及「看見」，我們就應回想一下同持續地看見模樣的情形的關聯；在那種情形下，「是一隻兔子」，就是描述所看見對象的一個明確的知覺報告。維根斯坦還要求我們設想這樣一個情形，在這裡，「我們看見兩張圖畫，在其中的一張中鴨兔圖周圍有一些兔子，在另一張中鴨兔圖周圍有一些鴨子。我並未注意到它們是一樣的。由此能不能推出，我在兩種情形下，看見了不同的東西？——這讓我們有理由在這裡使用這一表達式」（《哲學研究》，第一九五頁）。但是，要是我看見的東西是不同的，而且已知對象本身沒有變，那麼所不同的到底是什麼？是不是「我的印象？我的觀點？——我可以說出來嗎？」（《哲學研究》，第一九五頁）。

一種誘惑是，試圖訴諸所看見之物的某種準客觀改變來解釋模樣轉換時所出現的變化。例如，假定我在看一幅智力測試圖，並試著找到「隱藏」在一些枝枝節節中的一張人臉。突然間我看見了這張臉。先前我只看見雜亂無章的一堆枝節，而此時我卻識別出了表現一張人臉的獨特輪廓和五官。這種情況會引誘我們，去依據這幅圖「構圖方式」方面的改變來解釋所發生的這種變化。這樣，當我在這幅智力測試圖中看見這張臉時，我不僅看見了一些特定的形狀和顏色，還看見了它們的一種特定的構圖方式。我們試圖以此讓構圖方式成爲我所看見之物的某種準客觀性質，與顏色和形狀相提並論。但現在假定，我被要求畫出，我在看出這幅圖的奧妙前後所看見的東西。如果我畫的東西是準確的，那麼我兩次肯定能畫出同樣的東西。我們爲解釋我的視覺經驗差異而被引誘去訴求的關於某種特定的構圖方式觀念，在這裡一點也幫不上我們，因爲我不知道如何使這種構圖方式成爲我所看見之物的一個客觀性質。並非是說，關於組織構造上的某種變化的概念，並沒有在某種意義上，描述我突然在智力測試圖上看見這張臉時所具有的經驗，而是說這一概念並不能以我們此時想應用它的方式加以應用：作爲對於這幅圖時某種堪比顏色和形狀的客觀性質的描述。

由於這幅圖的構圖方式，無法作爲它的一種客觀模樣被記錄下來，此時又出現了這樣的誘惑，即把這幅圖的視覺印象當成某種不同於圖本身的東西，某種唯獨我才可接近的東西：「我的視覺經驗畢竟不是畫出來的東西；它是這個——我無法將它出示給任何人。」（《哲學研究》，第一九六頁）由於未能於外在圖畫中記錄下我們經歷到的變化，我們這裡便被引誘去構思一幅「內在圖畫」。我們以外在圖畫爲模型進行構思，但我們也設想，這幅內在圖畫把「構圖方式」這種難以捉摸的性質也吸納爲它的客觀特徵之一。但是，維根斯坦反駁道，我們依然沒有弄清楚，如何把這種讓一切保持原樣的差異描述爲「內在圖畫」的一個視覺性質；我們無以使之成爲客觀繪圖之組成部分的東西，此時只是被設定爲內在圖畫的一個構成性要素。我們迫於無奈，才弄出了「這麼一頭怪物；一個幻來化去的構造物」（《哲學研究》，第一九六頁）。這與其說解決了我們的困難，不如說掩沒了我們的困難。我的視覺印象，確實不是繪出來的圖，但維根斯坦看到，「它也不是我內心之中的、任何與之同範疇的東西」（《哲學研究》，第一九六頁）。訴諸既類似於、又不同於外在圖畫的某種內在圖畫，也無濟於事；它不過是一種哲學幻想，貌似解決了我們的問題，殊不知，那只是因爲我們沒有足夠仔細地考察它。我們一旦做更仔細的考察，就可看出，並沒有外在圖畫的內在類似物；而即便有，我們也不知道，如何把那種構圖方式弄成它的一個客觀特徵。

這麼一來，我就無法憑據兩種不同的視覺對象——可通過指著兩個不同事物或者畫兩張不同圖畫加以區分的對象——來捕捉，我說「此時它是一隻兔子」時所具有的經驗，與我說「此時它是一隻鴨子」時所具有的經驗，這二者之間的差異。我們看到的是這樣一個情形，在這裡，在無法於確定的知覺報告中或關於所看見之物的圖畫中，記錄下來的那些視覺經驗之間存在著某種差異。我們看到的，是關於某個視覺「對象」的第二種範疇的情形。維根斯坦要我們看清楚的是，只有當我們不再依據某種被給予的東西去思考知覺概念，並將它和主體對他所看見之物做出反應的方式關聯起來，我們才可以理解「看見」一詞的這第二種用法——從而也才可以理解，鴨兔圖使我們注意到的視覺經驗間的那種區分。因而：

如果我把鴨兔圖看成一隻兔子，那麼我便看見：這些形狀和顏色（我詳細地說出它們）——此外，我還看見了類似這樣的東西：我這裡還指著許多不同的兔子圖畫。

（《哲學研究》，第一九六至一九七頁）

這兩種視覺經驗中的差異，並非源自對象本身的某種客觀改變，而是源自主體將這幅圖放入兩種不同語境的方式上的差異：「我看見了跟這類似的東西」（指著其他的兔子圖畫），或者「我看見了跟那類似的東西」（指著其他的鴨子圖畫）。這兩種經驗之間的差異，無法通過指著兩個不同的對象加以記錄，而只能以參照主體對這幅圖做出反應的方式，透過一會把它聯繫於這些對象，一會把它聯繫於那些對象：「我在一種模樣的浮現中知覺到的並不是對象的一種性質。而是它同別的對象的一種內在關係。」（《哲學研究》，第二一二頁）維根斯坦認爲，我們理解這兩種視覺經驗間的區分的方式上所體現出的這種差異，揭示出看見和看成乃是兩個雖相關卻不同的概念：「『看成……』，並不是知覺的一部分。因此，它既類似於又不同於看見。」（《哲學研究》，第一九七頁）二者均爲視覺經驗概念，但它們之間有重要的不同。此外，這種差異也對我們面對那種純內省地思考視知覺的誘惑提供了某種矯正、並促使我們認識到存在於被看見之物與主體的反應方式之間的內在關聯。關於看成的情形，就這樣抵禦著我們依據對象對某個接受官能的作用來思考知覺的傾向，並將我們的注意力引向一名積極主動的、正做出回應的主體，在確定視覺經驗的本性或者確定被看見之物時所發揮的作用。

看見與做出反應

維根斯坦接著把我們的注意力引向，我們在日常語言遊戲中做出的關於視覺經驗的另外一種不同的區分：

我看著一隻動物並被問及：「你看見什麼啦？」我回答：「一隻兔子。」——我看見一處風景；突然間有隻兔子跑過。我喊道：「一隻兔子！」

（《哲學研究》，第一九七頁）

維根斯坦指出，在第一種情形下，我說的話是對我所看見之物的確切報告；而在第二種情形下，我的話還表達了一種驚叫，某種我幾乎不自覺地發出的聲音，作爲對某種讓我吃驚或驚喜的東西的直接反應。他認爲：「這兩種東西，均爲知覺的表達及視覺經驗的表達。但是，說驚叫是如此，是我不同於報告的意義而言的。」（《哲學研究》，第一九七頁）他進一步把這種不同描述如下：

如果你看著一個對象，你毋需思考它；但是，如果你正具有由這聲驚叫表達的視覺經驗，你同時也在思考你所看見的東西。

（《哲學研究》，第一九七頁）

在這一情形中，就像在看成的情形中一樣，存在著視覺經驗的這樣一種模樣，它並不只是被記錄在關於視覺對象的某種準確報告或圖畫的觀念中，這種對象被理解爲可以指著的某種東西。因此，我們無法依據視覺對象中的差異來區分開由報告表達的視覺經驗和由驚叫表達的視覺經驗；這兩種經驗在被表達出來的方式上的差異——亦即驚叫與報告之間的差異——乃是我們在它們之間所做區分的一個必不可少的要素，而不只是附加於其上的某種東西。我們這裡看到的又是這樣一種情形，在這裡，這兩種視覺經驗之間的區分被視為，同對所看見之物的反應方式有著某種內在關聯。用於判定是否具有由「一隻兔子！」這聲驚叫表達的視覺經驗的標準，揭示出了這種特定經驗與以某種特定方式做出行為之間的語法關聯。我們對於由報告表達的視覺經驗與由驚叫表達的視覺經驗之區分的把握，奠基在它們表達於行為中的方式的差異，而非所經驗到對象中的某種客觀差異。

除了看見模樣及突然注意到一個對象的情形之外，維根斯坦還要求我們考慮一系列這樣的情形，在這裡，我們突然間識別出了我們持續盯看了一段時間的某個對象。這裡，我們也可能擁有關於我們視覺經驗的一次突然改變的經驗，這種改變會發生，即使我們在另外一種意義上（在第一類視覺對象的意義上），看見沒有什麼發生改變：

某人突然間看見一個他識別不出來的現象（它可以是一個熟悉的對象，卻處在某個不同尋常的情境或光照下）；識別不出來的狀態或許只持續幾秒鐘。可不可以正確地說，他具有某種不同於某個立即認出這一對象的人的視覺經驗？

我碰見一個多年未見的人；我清楚地看見了他，卻沒有認出他。突然間我認出他了，我在這張歷經了滄桑的臉上，看見了那張舊面孔。

（均引自《哲學研究》，第一九七頁）

維根斯坦認為，在這些情形下，我們也是參照對這一對象做出反應的方式上的改變，例如，在於我們做出識別之前和之後描述出或畫出它的方式上的改變來捕捉我們經驗中的差異。這樣，在第一種情形下，儘管我眼前的對象沒有變，我的經驗的改變卻表達在這樣的事實中：我此時會更自信、更準確地畫出或描述出我所看見的東西，而且肯定會在描述中避免某些錯誤。在第二種情形下，隨著我對這張面孔的新理解而來的經驗改變，可這樣表達出來：我畫出一張完全不同的肖像，要是我可以作畫的話。與突然識別相關的視覺經驗差異，並非關聯於對象的任何客觀變化，而是關聯於主體與對象所處的關係上，或者主體傾向於對客體做出行為的方式上的某種改變，亦即關聯於維根斯坦所稱作的「行為的細微之處」（《哲學研究》，第二〇七頁）上的某種改變。就像在關於突然注意到的例子中一樣，維根斯坦認為，我們受到誘惑，去把做出識別的現象視作某種並非純粹視覺的東西，而是由知覺和思想混成的東西。這樣，我們便以為，我們用於描述這些經驗的話語，不只是知覺報告，還是某種別的東西：「一聲識別的驚叫。」（《哲學研究》，第一九八頁）然而，重要的是要看到，如果我們試圖把識別同視覺經驗分離開來，我們就再也無法捕捉到某個立即認出該對象的人的視覺經驗與某個過了一會兒才認出它的人的視覺經驗之間的差異——亦即被看見之物上的差異。

至此，維根斯坦便澄清了視覺經驗概念的本質複雜性，而所舉的這些例子正是要揭示出這種複雜性。其中的每個例子都類似維根斯坦一開始舉的那一個，因為它們全都涉及我一直稱作的「視覺『對象』」的第二種意義。在所有這些例子中，維根斯坦都在試圖表明，看見概念在這裡被強加給了我們：它們全都涉及視覺經驗的某種改變——亦即被看見之物上的某種改變

——即使在另一種意義上，被看見對象並未改變。這樣，「看見」一詞的這種用法，就被用來揭示視覺經驗概念與關於以某種方式做出反應或行爲的概念之間的內在關聯。因爲，若不訴諸同主體反應上的差異而非景象的客觀變化相關的標準，我們就無法做出這些例子所要求的視覺經驗上的那些區分。「看見」一詞的、同第一種視覺對象範疇相關的用法——用在可用來回答「你看見什麼啦？」這個問題的確定描述中——誘使我們純粹根據某物被給予一種知覺意識來設想視覺經驗。然而，在一種模樣發生改變，或者在我突然注意到或識別出某種東西時，所出現的視覺經驗的變化表明，我們關於視覺經驗的概念還包括更多的東西。這些例子表明，說視覺經驗的差異總對應著被表達之物的客觀差異乃是一個錯誤；這只不過是視覺經驗的一種差異，並不能涵蓋我們做出的所有區分。因而我們發現，我們關於視覺經驗的概念，並不以我們想像的那種方式發揮功用；這一概念同各種行爲方式間的聯繫，比關於作爲「視覺材料」的被動接受的視覺經驗的圖象所暗示的要緊密得多。

維根斯坦指出，我們關於視覺經驗的概念的複雜性，是隨同我們關於被看見之物的某種表達概念的「靈活性」而來的：

> 關於被看見之物的某種表達概念，就像關於某個複製品的概念一樣，是很靈活的，而關於被看見之物的概念，也隨之而是如此。這二者是緊密關聯著的。（這倒不是說它們是類似的。）
>
> （《哲學研究》，第一九八頁）

我們關於所看見之物的概念，是緊密關聯於關於被看見之物的某種表達的概念的，因為關於一主體所看見之物的一個標準就是他對所看見之物的表達或描述。可是，我們如何去表達我們視覺經驗的這些模樣，既然它們關聯於我們對對象做出反應的方式，而不是它的任何客觀特徵？正是在這裡，我們得承認關於所看見之物的某種表達的概念的某種靈活性。它不只是涵蓋我們所看見之物的精確複製品或純物理描述，而且還涵蓋肖像、豐富而煽情的口頭描述、姿勢、面部表情、類比、模仿等等。維根斯坦指出，如果我們問自己，我們是如何知道人們是三維地看見事物的，或者他們的視覺經驗這種模樣如何能被表達出來或捕捉到，我們就可以看出關於被看見之物的某種表達的概念的這種靈活性來。表達它的最自然的方式，並非企圖提出關於「三維地看見事物是怎麼回事」的某種表達，而是用姿勢去表達我們所看見的東西，這些姿勢利用了我們自身嵌入空間的狀態。在這種情形下，自然地表達於姿勢中的那種對被看見之物的反應本身，成了關於被看見之物的某種表達，從而被看見之物就反映在身體的移動中：

人們如何斷定，人們是三維地看見事物的？——我詢問某人，那邊那塊地的地勢，他能看見這塊地。「它是不是像這樣？」（我用手跟他比劃）——「是的。」——「你怎麼知道的？」——「又不是霧天，我看得很清楚。」他並不是為這種猜測提供理由。對我們而言，唯一自然的事情，就是三維地表達我們看見的東西；要進行二維表達，得經過特別的實踐和訓練，無論是畫畫，還是形諸文字。（孩子們的畫怪怪的。）

（《哲學研究》，第一九八頁）

在本章開頭，我提出，維根斯坦關於看見模樣的討論將清楚地表明，我們爲什麼會對先前關於看見一個微笑善意的討論感到不滿意。我們就來看一下關於一張笑臉圖畫的情形。我們可以設想，某個看著這幅圖的人，會看不出這是一個微笑。維根斯坦問，他是以不同於另一位看見它並將它理解爲微笑的人的方式，看見這張臉（或者，這張圖畫—臉）的嗎？如果是這樣，那麼我們看到的顯然又是一個關於第二類視覺對象的例子，因爲兩位感知者看的是關於一張臉的同一幅圖。他們視覺經驗的差異，不能藉助對所看見之物的兩種不同視覺表達而被捕捉到，因爲這兩種表達都必須得重新製作原來那幅圖畫。他們每人看見的東西，是以不同的方式表達出的：「例如，他以不同的方式進行模仿。」（《哲學研究》，第一九八頁）當我們承認，關於我們被看見之物的這種表達概念擁有這種額外的豐富性或靈活性時，區分開這兩種視覺經驗之內容的標準便清楚了。先前我們感到，一種面部表情——例如，一張臉的善意——嚴格說來，不可能是我們視覺經驗的構成部分，而必定包含關於它的某種「解釋」。可將這種感覺視爲同下述傾向相關聯的：只考慮到第一類視覺對象，並假定視覺經驗的所有差異（相對於關於它的解釋），就必定可追溯到被呈現於意識中的東西的某種客觀變化。通過讓我們意識到關於我們視覺經驗及被看見事物之表達概念中的某種意料之外的複雜性，維根斯坦致力於克服這樣一些偏見：它們阻止我們接受作爲我們日常語言遊戲一部分的一種描述形式。

然而，下述考慮仍然會誘使我們認爲，一種面部表情嚴格說來無法被看見：假如把一幅關於一張臉的畫倒著拿，我們就不再能認出它所表達的東西了。而我們顛倒過來的這幅圖，仍就是一張臉的準確視覺表達。如果表情是我們關於這張臉的視覺經驗內容的一部分，那麼它不可能僅僅由於這個圖被顛倒了方向而消失掉。爲看出這裡有什麼不對的地方，維根斯坦要我們考慮如下這兩對例子：

(a)

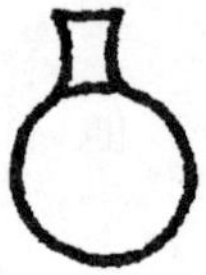
(b)

(c)

(d)

他接著注意到，不僅從(c)到(d)的改變比從(a)到(b)的改變更惹人注目，而且「關於我對(c)和(d)的印象之間的差異，不同於關於我對(a)和(b)的印象之間的差異」（《哲學研究》，第一九八頁）。儘管在每一情形下，對對象所做的是同樣的，但是這種翻轉對於第二對圖形有一種它對第一對圖形所沒有的影響。顯然，這種影響上的差異並不關聯於某種更大的客觀變化，因爲這兩對圖形各自處在同樣的相互關係中。確切地說，這兩種情形的差異，同第二種情形中出現了我們對圖形做出反應的方式上的變化有關。「例如，(d)看上去比(c)更整齊……(d)容易摹寫，(c)難以摹寫」（《哲學研究》，第一九八頁）；正是我們對翻轉圖形反應上的這些差異，讓關於我們(d)和(c)的經驗的質的變化提供了基礎。同某個圖形的方向顚倒有關的視覺經驗變化，並不是視覺排序的某種客觀改變的簡單產物。因爲，方向上的變化，可能會對和我對這幅圖的反應方式的改變有關的視覺經驗造成意料不到的影響。由於一張臉的圖畫被顚倒過來，而產生了我們經驗內容的變化——即這樣的事實，我們在一種情形下看見了微笑，而在另一情形下沒有看見——並不是可訴諸視覺排序變化加以傳達的某種東西，而只在「行爲的細微之處」上的變化中表現出來。例如，當你把這幅畫倒著拿時，「你就無法模仿這個微笑，或者更準確地描述它」（《哲學研究》，第一九八頁）。

那麼，就讓我們承認，當我在一幅智力測試圖中看出那張臉時，我就以一種新的方式看見了這幅圖：「不僅你可以對它做一種新的描述，而且注意到這張臉，就是一種新的視覺經驗。」（《哲學研究》，第一九九頁）我們是不是要由此得到這樣的結論：「這一圖形的這個複製品，乃是我的視覺經驗的不完整的描述？」（《哲學研究》，第一九九頁）維根斯坦顯然不想讓我們得出任何這樣的結論，因爲下面這種言外之意明顯是有疑問的：存在著關於某個視覺經驗的完整描述或表達的這麼一種東西。我關於我的視覺經驗的某種描述是否完整，取決於我爲其提供這一描述的那個人是否理解我要傳達的東西。關於這個圖形的一幅畫，「可以是一個不完整的描述，要是還有東西可問的話」（《哲學研究》，第一九九頁）。如果有人問我看見了什麼，我也許能畫出一張滿足他的好奇心的畫來。假如我能做到這一點，那我們就不會說這幅畫「不完整」，即使我記錄不下（例如）我的目光掃視整個景象的方式——一會注意一個細節，一會注意另一個細節——具體怎麼做的，我多半回憶不出來了。維根斯坦想讓我們看清的是，存在著無限多種關於所看見之物的描述——例如，試想某人目光的移動如何在軟片上表現出來，或者我們會如何表達某個對象乃是主要的興趣點這一事實，或者有一個不明對象正好快速略過一個人的視野——其中的每一個描述都服務於一個不同的目的，沒有哪一個算得上「這種描述的那個眞正恰當的例子——其餘的都只是模糊的，需要澄清，或者當垃圾一樣扔在一邊」（《哲學研究》，第二〇〇頁）。

維根斯坦就這樣致力於揭示出，我們關於視覺經驗的圖象，是如何基於關於視覺經驗概念之語法的錯誤觀念，這幅圖象把視覺經驗當成呈現於意識一類特別的東西，我試圖通過牢牢凝視前方來指明它。維根斯坦的語法研究不僅揭示出視覺經驗並不只是視覺材料的被動接受，而且揭示出視覺經驗這個概念同某些反應模式之間的關聯比我們設想的要密切得多。我們在做哲學時所形成的下述觀念，被證明是虛幻的：視覺經驗的所有差異，都可追溯到對象本身的客觀差異。關於被看見之物的標準，比我們關於視覺經驗之本質的哲學觀念讓我們假定的要複雜得多，它們同做出反應的方式的關聯也要緊密得多。

在隨後的評論中，維根斯坦考察了大量有關看見和看成的例子，這些例子進一步揭示出了如下這些東西：視覺經驗的內容與我們對某個對象的反應之間的關聯、它在其中被看見的那種背景、我們對它的注意、我們對它所取的態度、我們應用到它上面的想像力或概念能力，如此等等。這一討論中出現的、我們視覺經驗概念起作用方式上的複雜性，一方面用於抵禦這樣的誘惑：依賴內省去揭示視覺經驗的本質，或者根據主體對被給予某個知覺意識的東西而被動接受去思考視覺經驗。另一方面，它也用於突顯，存在於我們的看見和看成概念的用法與看見和看成在其中被表達出來的行爲形式——包括姿勢、口頭描述、畫畫或模仿的能力等等——之間的語法關聯。我們所發現的是，就像所有別的心理學概念的情形一樣，視覺經驗概念所描述的東西，並不是通過內省或者通過試圖想像某種東西而被澄清的，而是通過揭示出體現它在語言遊戲中的用法的那些使用方式。這些使用方式所揭示出的是，一個概念是內在地關聯於做或有能力做某事的，而並非關聯於具有某種我們每個人只從自己的情形知道的東西。並非是說，在擁有一種視覺經驗與表達出它之間沒有區分，因爲，就跟任何別的心理學概念的情況一樣，掩藏和假裝的可能性乃是我們日常語言遊戲的不可或缺的組成部分。但這些情況均無損於這樣的事實：我們用「看見」和「看成」這些詞玩的語言遊戲，將這些概念同它們所描述的經驗在其中被表達出來的那些行爲形式聯繫了起來。

一旦我們對視覺經驗概念的理解實現了這種轉變，那麼正如我們看到的，本章開頭提出的那個問題便消除了。一旦我們認識到了，我們日常用於判定看見和被看見之物的標準，以及這些標準與「行爲的細微之處」的關聯，我們便擺脫了這種觀念：「以空間術語描述（視覺經驗）必定是可能的。」（《哲學研究》，第一九九頁）這樣，我們便不再會被引誘去認爲，我們眞正能看見的東西，就是可用有色形狀的某種空間形式表現出來的東西。因爲我們的視覺經驗概念，並非被看作指謂某種特別的經驗性質或者某種對意識呈現的，而是被看作關聯於許許多多有關移動、姿勢、表情和能力的特定形式的，這些形式構成了我們判斷某人看見某物、注意到或認出某物、注視或觀看某物、把某物看成某物等事情的標準。關於被看見之物的標準——我們關於視覺經驗之內容的觀念——不再通過沉思構成視覺經驗之本質的是什麼而確立下來；我們現在已能夠接受，我們日常關於描述或表達被看見之物的複雜語言遊戲了。我們並未眞正看見一張臉上的善意，或者說，「他報以善意的微笑」並不是一個眞正的知覺報告——這樣的感覺，被視爲恰好就存在於關於視覺經驗概念如何發揮功用的錯誤觀念中。

致 謝

此書的撰寫得到許多人的幫助，在此向他們表達謝忱。我主要受惠於我的學生 Beth Savickey，我與她就本書的每一方面都展開過討論，並不斷受益於她關於維根斯坦的學識與理解。她既富於同情心，又有廣博的見識，堪稱是每位作者都夢寐以求的對話者。我對她心存感激，因爲許多洞見來自我們之間長達兩年的對話。我也要向我的先生 Mark Rowe 表達謝意，他不僅一直鼓勵我，還一遍遍地閱讀我的書稿並做出點評。我還要感謝 Tim Crane 約我撰寫此書，並對早先的一個稿本做了詳細的評論；感謝 Stephen Mulhall 和 Jim Hopkins 對第四章的一份草稿做了強而有力的批評。我還要感謝約克大學的衆多學生，尤其是 Jonathan Cole，多年來，他們參與了我的維根斯坦課程，並不斷把我的注意力引向維根斯坦的評論細節，或者引向理解它們的可選擇方式，而這些細節和理解方式是我過去所沒有看到的。我十分感激 Mary Dortch 女士所做的嫻熟而專業的索引工作。最後，我要感謝約克大學爲我提供了兩個研究學期，沒有這些照顧，本書是寫不出來的。

譯後記

瑪麗・麥金的這本書，介紹了維根斯坦後期哲學的主要見解。導論部分清楚地梳理了後期維根斯坦的哲學觀，並著力強調，只有緊緊抓住這一線索，才能眞正理解《哲學研究》的思想。前三章關注語言哲學的話題，後三章則討論心理學哲學問題。全書行文基本按照《哲學研究》所涉及論題的自然順序而展開，並照顧前後論題的相互銜接。

譯完之後，感覺這是一本難得的後期維根斯坦哲學入門書。作者立足於導讀，緊扣文本，逐一展開話題，弄清問題脈絡，並穿插進一些通行的解讀方式，以簡明扼要的語言，直陳其利弊。我以爲，該書對《哲學研究》這部巨著的解讀，具備了客觀、清晰、一貫、簡潔、深入等優點，不僅可對初學者發揮有益的引導作用，而且也能給研究者帶來啓發。所以，把這樣一本書譯成中文，介紹給東方讀者，是有價值的。

翻譯此書，是受北大的靳希平、徐向東兩位先生之約。接下任務後，立即動手。無奈俗務纏身，進度頗慢。所幸暑假來臨，有足足兩個月的自由時間，這才靜下心來，專注於此事。夏日炎炎，陋室狹小，我只好每天起早到帶有空調的階梯教室，與復習考研究所的大學生們同場奮戰。每天至少八小時，總算把初稿弄出來了。隨後又一遍遍地修改、潤飾，始成這副模樣。譯文品質，留待讀者評判。而翻譯此書的甘苦，又有誰人能知？這也算是一種「私人經驗」吧。

我把整個暑期全都耗在此書的翻譯上，沒能留下一點時間陪陪妻子、女兒。她們一開始很有「意見」，但到底還是「原諒」了我。這種親情已漸漸化作了一種習慣，雖嫌平淡，卻也是實實在在的擁有。對此，我心存感激。

我要把這本譯作獻給我的母親。她雖未能教我識字，卻把質樸的品性傳給了我，成爲我做任何事的支託。她兩年前就已生活在沒有記憶的世界裡，甚至認不出自己的兒子來了。我曾是讓她最感驕傲的「有出息」的孩子，可她並沒有從這種「出息」中得到任何實質性的安慰。人生的悖謬，也就如此吧。

哲人如維根斯坦，也只是力勸我們從迷惑中掙脫出來，卻絕難指出一條明確的道路來。

李國山
於開南大學哲學系
二〇〇六年九月

本書所引用維根斯坦著作

《邏輯哲學論》 *Tractatus Logico-Philosophicus*, tr. D. F. Pears and B. F. McGuinness, London: Routledge & Kegan Paul, 1961.

《文化和價值》 *Culture and Value*, ed. G. H. von Wright in collaboration with H. Nyman, tr. P. Winch, Oxford: Blackwell, 1980.

《維根斯坦的講座，一九三〇至一九三三年》 "Wittgenstein's Lectures 1930-1933", notes by G. E. Moore, published in Ludwig *Wittgenstein: The Man and His Philosophy*, ed. K. T. Fann. Hassocks: Harvester Press, 1978.

〈哲學〉 "Philosophy", taken from TS 213 The Big Typescript, published in Philosophical Occasions 1912-1951.

〈關於佛雷澤《金枝》的評論〉 "Remarks on Frazer's 'The Golden Bough'", ed. R. Rhees, published in Philosophical Occasions 1912-1951.

《藍皮書與棕皮書》 *The Blue and Brown Books*, Oxford: Blackwell, 1958.

〈關於感覺材料與私人經驗的語言〉 "The Language of Sense Data and Private Experience", notes taken by R. Rhees of Wittgenstein's lectures in 1936, published in Philosophical Occasions 1912-1951.

《維根斯坦關於數學基礎的講座》 *Wittgenstein's Lectures on the Foundations of Mathematics, Cambridge 1939*, notes by R. G. Bosanquet, N. Malcolm, R. Rhees and Y. Smythies, ed. Cora Diamond, Hassocks: Harvester Press, 1976.

《哲學研究》 *Philosophical Investigations*, ed. G. E. M. Anscombe and R. Rhees, tr. G. E. M. Anscombe, Oxford: Blackwell, 1963.

《關於心理學哲學的評論》第一卷 *Remarks on the Philosophy of Psychology*, vol. 1, ed. G. E. M. Anscombe and G. H. von Wright, tr. G. E. M. Anscombe, Oxford: Blackwell, 1980.

《維根斯坦關於心理學哲學的演講，一九四六至一九四七年》 *Wittgenstein's Lectures on Philosophy of Psychology 1946-1947*, notes by P. T. Geach, K. J. Shah and A. C. Jackson, ed. P. T. Geach, Hassocks: Harvester Press, 1988.

《字條集》 *Zettel*, ed. G. E. M. Anscombe and G. H. von Wright, tr. G. E. M. Anscombe, Oxford: Blackwell, 1967.

《關於心理學哲學的最後著述》第二卷 *Last Writings on the Philosophy of Psychology*, vol. 2, ed. G. H. von Wright and H. Nyman, tr. C. G. Luckhardt and M. A. E. Aue, Oxford: Blackwell, 1992.

《哲學大事記：一九一二至一九五一年》 *Philosophical Occasions 1912-1951*, ed. J. Klagge and A. Nordmann, Indianapolis, Ind. And Cambridge: Hackett, 1993

參考文獻及進一步閱讀材料

第一章

〈維根斯坦的哲學方法與看見模樣〉　Aidun, D., "Wittgenstein's Philosophical Method and Aspect-Seeing", *Philosophical Investigations,* vol. 5, 1982.

〈論維根斯坦的著述形式〉　Anscombe, G. E. M., "On the Form of Wittgenstein's Writing", in R. Kiblansky, ed. *Contemporary Philosophy: A Survey,* vol. 3, Florence: La Nuova Italia, 1969.

〈《哲學研究》122：被忽略的方面〉　Baker, G., *"Philosophical Investigations* section 122: neglected aspects", in R. L. Arrington and H. -J. Glock, eds, Wittgenstein's Philosophical Investigations: *Text and Context,* London: Routledge, 1991.

《維根斯坦：理解與意義》　Baker, G. and Hacker, P. M. S., *Wittgenstein: Understanding and Meaning,* Oxford: Blackwell, 1983.

〈語法的修辭學：理解維根斯坦的方法〉　Barnett, W., "The Rhetoric of Grammar: Understanding Wittgenstein's Method", *Metaphilosophy,* vol. 21, 1990.

《維根斯坦的語言》　Binkley, T., *Wittgenstein's Language*, The Hague: Martinus Nijhoff, 1973.

〈《這個時代的黑暗》：維根斯坦和現代世界〉　Bouveresse, J., "'The Darkness of this Time': Wittgenstein and the Modern World", in A. Phillips Griffiths, ed., *Wittgenstein Centenary Essays,* Cambridge: Cambridge

University Press, 1992.

〈維根斯坦後期哲學的效力〉 Cavell, S., "The Availability of Wittgenstein's Later Philosophy", in G. Pitcher, ed., *Wittgenstein: The Philosophical Investigations*, New York: Doubleday, 1966.

〈即將結束的衰落：作爲文化哲學家的維根斯坦〉 Cavell, S., "Declining Decline: Wittgenstein as a Philosopher of Culture", *Inquiry,* vol. 31, 1988.

《維根斯坦的哲學觀》 Fann, K. T., *Wittgenstein's Conception of Philosophy*, Oxford: Blackwell, 1969.

《路德維希・維根斯坦：其人及其哲學》 Fann, K. T., ed., *Ludwig Wittgenstein: The Man and His Philosophy*, Hassocks: Harvester Press, 1978.

〈作爲教師的維根斯坦〉 Gasking, D. A. T. and Jackson, A. C., "Wittgenstein as Teacher", in K. T. Fann, ed., 1978.

《維根斯坦：看見的一種方式》 Genova, J., *Wittgenstein: A Way Of Seeing,* London: Routledge, 1995.

《維根斯坦》 Grayling, A., *Wittgenstein,* Oxford: Oxford University Press, 1988.

《洞見與幻覺》 Hacker, P. M. S., *Insight and Illusion,* Oxford: Oxford University Press, 1986.

〈維根斯坦與對話〉 Heal, J., "Wittgenstein and Dialogue", in T. Smiley, ed., *Philosophical Dialogue: Plato, Hume, Wittgenstein,* Proceeding of the British Academy, Oxford: Oxford University Press, 1995.

〈維根斯坦的非哲學筆記〉 Heller, E., "Wittgenstein: Unphilosophical Notes", in K. T. Fann, ed., 1978.

《後期維根斯坦：一種新哲學方法的出現》 Hilmy, S., *The Later Wittgenstein: The Emergence of a New Philosophical Method*, Oxford: Blackwell, 1987.

〈《哲學研究》133中的〈折磨人的問題〉〉　Hilmy, S., "'Tormenting Questions' in *Philosophical Investigations* Section 133", in R. L. Arrington and H. -J. Glock, eds, *Wittgenstein's Philosophical Investigations: Text and Context*, London: Routledge, 1991.

〈哲學與風格：維根斯坦和羅素〉　Hughes, J., "Philosophy and Style: Wittgenstein and Russell", *Philosophy and Literature,* vol. 13, 1989.

《維根斯坦的維也納》　Janik, A. and Toulmin, S., *Wittgenstein's Vienna,* London: Weidenfeld and Nicolson, 1973.

〈維根斯坦論哲學的性質〉　Kenny, A., "Wittgenstein on the Nature of Philosophy", in B. McGuiness, ed., *Wittgenstein and his Time,* Oxford: Blackwell, 1982.

〈在語言中找到家的感覺（使解讀《哲學研究》成爲可能的是什麼?）〉　Minar, E., "Feeling at Home in the Language (what makes reading the *Philosophical Investigations possible*?)", Synthese, vol. 102, 1995.

〈歌德與維根斯坦〉　Rowe, M. W., "Goethe and Wittgenstein", Philosophy, vol. 66, 1991.

〈維根斯坦的浪漫遺產〉　Rowe, M. W., "Wittgenstein's Romantic Inheritance", *Philosophy,* vol. 69, 1994.

〈維根斯坦《哲學研究》中的各種聲音〉　Savickey, B., "Voices in Wittgenstein's *Philosophical Investigation*", M. Phil. thesis, Cambridge University, 1990.

〈維根斯坦的語法研究方法〉　Savickey, B., "Wittgenstein's Method of Grammatical Investigation", D. Phil. thesis, University of York, 1995.

第二章

《懺悔錄》 St Augustine, *Confessions*, Harmondsworth: Penguin, 1961.

《維根斯坦，弗雷格與維也納學派》 Baker, G. *Wittgenstein, Frege and the Vienna Circle*, Oxford: Blackwell, 1988.

《維根斯坦：理解與意義》 Baker, G. and Hacker, P. M. S., *Wittgenstein: Understanding and Meaning*, Oxford: Blackwell,1983.

〈與維根斯坦的建築工一起工作〉 Birsch, D. and Dorbolo, J., “Working with Wittgenstein’s Builders”, *Philosophical Investigations*, vol. 13, 1990.

〈維根斯坦後期哲學的效力〉 Cavell, S., “The Availability of Wittgenstein’s Later Philosophy”, in G. Pitcher, ed., *Wittgenstein: The Philosophical Investigations*, New York: Doubleday, 1966.

《哲學交流》 Cavell, S., *Philosophical Passages*, Oxford: Blackwell, 1995.

《維根斯坦》 Fogelin, R., Wittgenstein, London: Routledge, 1987.

〈語言與會話：維根斯坦的建築工〉 Gaita, R., “Language and Conversation: Wittgenstein’s Builders”, in A. Philips Griffiths, ed., *Wittgenstein Centenary Essays*, Cambridge: Cambridge University Press, 1992.

〈我要你遞給我一塊板：關於《哲學研究》開篇幾節內容的評論〉 Goldfarb, W. D., “I Want You To Bring Me A Slab: Remarks on the Opening Sections of the *Philosophical Investigations*”, *Synthese*, vol. 26, 1983.

〈語言，哲學與自然史〉 Hertzberg, L., “Language, Philosophy and Natural History”, in L. Hertzberg, *The*

Limits of Experience, Acta Philosophica Fennica, vol. 56, 1994.

《維根斯坦》 Kenny, A., *Wittgenstein*, Harmondsworth: Penguin, 1973.

《維根斯坦的遺產》 Kenny, A., *The Legacy of Wittgenstein*, Oxford: Blackwell, 1984.

《沒有什麼東西隱藏著：維根斯坦對其早期思想的批判》 Malcolm, N., Nothing is Hidden: *Wittgenstein's Criticism of his Early Thought*, Oxford: Blackwell, 1986.

〈語言遊戲(2)〉 Malcolm, N., "Language Game(2)", in D. Z. Phillips and P. Winch, eds, *Wittgenstein: Attention to Particulars*, London: Macmillan,1989.

《虛假的監禁》第二卷 Pears, D. F., The False Prison, vol. 2, Oxford: Oxford University Press, 1987.

〈維根斯坦的建築工〉 Rhees, R., "Wittgenstein's Builders", in K. T. Fann, ed. *Ludwig Wittgenstein: The Man* and His Philosophy, Hassocks: Harvester Press, 1978.

《維根斯坦與德里達》 Staten, H., *Wittgenstein and Derrida*, London: University of Nebraska Press, 1986.

〈金錢與奶牛〉 Thompkins, E. F., "The Money and the Cow", *Philosophy*, vol. 67, 1992.

〈奧古斯丁的托詞：對維根斯坦《哲學研究》的另一種解讀〉 Walker, M., "Augustine's Pretence: Another Reading of Wittgenstein's *Philosophical Investigations*", *Philosophical Investigations*', vol. 13, 1990.

第三章

〈維根斯坦：誰的哲學家？〉 Anscombe, G. E. M., "Wittgenstein: Whose Philosopher?" in A. Phillips Griffiths, ed., *Wittgenstein Centenary Essays*, Cambridge: Cambridge University Press, 1992.

〈遵守一條規則：其基本主題〉 Baker, G., "Following a Rule: The Basic Theme", in S. H. Holtzman and C. M. Leith, eds, 1981.

《維根斯坦：規則、語法及必然性》 Baker, G., Wittgenstein: Rules, *Grammar and Necessity*, Oxford: Blackwell, 1985.

《懷疑論、規則與語言》 Baker, G. and Hacker, P. M. S., *Skepticism, Rules and Language*, Oxford: Blackwell, 1984.

〈關於遵守規則的思考〉 Boghossian, P. A., "The Rule Following Considerations", Mind, vol. 98, 1989.

〈維根斯坦論意義、解釋與規則〉 Budd, M., "Wittgenstein on Meaning, Interpretation and Rules", Synthese, vol. 58, 1984.

《維根斯坦的心理學哲學》 Budd, M., *Wittgenstein's Philosophy of Psychology*, London: Routledge, 1989.

〈維根斯坦後期哲學的效力〉 Cavell, S., "The Availability of Wittgenstein's Later Philosophy", in G. Pitcher, ed., *Wittgenstein: The Philosophical Investigations*, New York: Doubleday, 1966.

《理性的要求：維根斯坦、懷疑論、道德與悲劇》 Cavell, S., The Claim of Reason: *Wittgenstein, Skepticism, Morality and Tragedy*, Oxford: Oxford University Press, 1979.

《堂而皇之的條件與非堂而皇之的條件》 Cavell, S., *Conditions Handsome and Unhandsome*, London: University of Chicago Press, 1990.

《維根斯坦》 Fogelin, R., *Wittgenstein*, London: Routledge, 1987.

〈維根斯坦、心靈與科學主義〉 Goldfarb, W. D., "Wittgenstein, Mind and Scientism", *Journal of Philosophy*, vol. 86, 1989.

〈維根斯坦論理解〉 Goldfarb, W. D., "Wittgenstein on Understanding", in P. A. French, T. E. Uehling and H. K. Wettestein, eds, *The Wittgenstein Legacy, Midwest Studies in Philosophy*, vol. XVII, Notre Dame, Indian: University of Notre Dame Press, 1992.

《遵守一條規則》 Holtzman, S. H. and Leich, C. M., eds, *To Follow a Rule*, London: Routledge, 1981.

《維根斯坦論規則及私人語言》 Kripke, S. A., *Wittgenstein on Rules and Private Language*, Oxford: Blackwell, 1982.

《心靈及其世界》 McCulloch, G., *The Mind and Its World*, London: Routledge, 1995.

〈維根斯坦論遵守一條規則〉 McDowell, J. H., "Wittgenstein on Following a Rule", *Synthese*, vol. 58, 1984.

〈維根斯坦後期哲學中的意義與意向性〉 McDowell, J. H., "Meaning and Intentionality in Wittgenstein's Later Philosophy", in P. A. French, T. E. Uehling and H. K. Wettstein, eds, 1992.

《維根斯坦論意義》 McGinn, C., *Wittgenstein on Meaning*, Oxford: Blackwell, 1984.

《虛假的監禁》第二卷 Pears, D. F., *The False Prison*, vol. 2, Oxford: Oxford University Press, 1987.

〈各種不同的共同行為：《哲學研究》206〉 Savigny, E. Von, "Common Behaviour of many a kind: *Philosophical Investigations* section 206", in R. L. Arrington and H. -J. Glock, eds, Wittgenstein's Philosophical Investigations: *Text and Context*, London: Routledge, 1991.

《維根斯坦與德里達》 Staten, H., *Wittgenstein and Derrida*, London: University of Nebraska Press, 1986.

第四章

《維根斯坦的語言》 Binkley, T., *Wittgenstein's Language*, The Hague: Martinus Nijhoff, 1973.

《維根斯坦的心理學哲學》 Budd, M., *Wittgenstein's Philosophy of Psychology*, London: Routledge, 1989.

《理性的要求：維根斯坦、懷疑論、道德與悲劇》 Cavell, S., The Claim of Reason: *Wittgenstein, Skepticism, Morality and Tragedy*, Oxford: Oxford University Press, 1979.

《維根斯坦》 Fogelin, R., *Wittgenstein*, London: Routledge, 1987.

《維根斯坦》 Grayling, A., *Wittgenstein*, Oxford: Oxford University Press, 1988.

《洞見與幻覺》 Hacker, P. M. S., *Insight and Illusion*, Oxford: Oxford University Press [1972], 1986.

《維根斯坦：意義與心靈》第三卷 Hacker, P. M. S., *Wittgenstein: Meaning and Mind*, vol. 3, Oxford: Blackwell, 1990.

《心理學原理》 James, W., *The Principles of Psychology*, Cambridge, Mass.: Harvard University Press, 1981.

《維根斯坦：重新思考內在領域》 Johnston, P., *Wittgenstein: Rethinking the Inner*, London: Routledge, 1993.

《維根斯坦》 Kenny, A., *Wittgenstein*, Harmondsworth: Penguin, 1973.

《維根斯坦論規則及私人語言》 Kripke, S. A., *Wittgenstein on Rules and Private Language*, Oxford: Blackwell, 1982.

《維根斯坦論意義》 McGinn, C., *Wittgenstein on Meaning*, Oxford: Blackwell, 1984.

〈維根斯坦的《哲學研究》〉 Malcolm, N., "Wittgenstein's *Philosophical Investigations*", in *Knowledge and*

Certainty, Englewood Cliffs, NJ: Prentice-Hall, 1963.

《論在世》 Mulhall, S., *On Being in the World,* London: Routledge, 1990.

〈當一隻蝙蝠的感覺是什麼？〉 Nagel, T., "What is like to be a bat?", Mortal Questions, Cambridge: Cambridge University Press, 1979.

《虛假的監禁》第二卷 Pears, D. F., *The False Prison,* vol. 2, Oxford: Oxford University Press, 1987.

〈《哲學研究》258—260提出了有說服力的反私人語言論證嗎？〉 Wright, C., "Does *Philosophical Investigations* 258-260 Suggest a cogent argument against private language?", in P. Petit and J. H. McDowell, eds, *Subject, Thought and Context*, Oxford: Oxford University Press, 1986.

〈維根斯坦後期心靈哲學：感覺、私人性與意向〉 Wright, C., "Wittgenstein's Later Philosophy of Mind: Sensation, Privacy, and Intention", *Journal of Philosophy*, vol. 86, 1989.

第五章

《維根斯坦的心理學哲學》 Budd, M., *Wittgenstein's Philosophy of Psychology*, London: Routledge, 1989.

《理性的要求：維根斯坦，懷疑論，道德與悲劇》 Cavell, S., The Claim of Reason: *Wittgenstein, Skepticism, Morality and Tragedy*, Oxford: Oxford University Press, 1979.

《維根斯坦》 Fogelin, R., *Wittgenstein*, London: Routledge, 1987.

《維根斯坦：意義與心靈》第三卷 Hacker, P. M. S., *Wittgenstein: Meaning and Mind,* vol. 3, Oxford: Blackwell, 1990.

〈有什麼樣的確定性就有什麼樣的語言遊戲〉 Herzberg, L., "The kind of certainty is the kind of language game", in L. Hertzberg, *The Limits of Experience, Acta Philosophica Fennica,* vol. 56, 1994.

《維根斯坦：重新思考內在領域》 Johnston, P., *Wittgenstein: Rethinking the Inner*, London: Routledge, 1993.

《維根斯坦》 Kenny, A., *Wittgenstein*, Harmondsworth: Penguin, 1973.

〈標準、可廢除性與知識〉 McDowell, J. H., "Criteria Defeasibility and Knowledge", Proceedings of the *British Academy*, vol. LXVIII, 1982.

《論在世》 Mulhall, S., *On Being in the World*, London: Routledge, 1990.

《虛假的監禁》第二卷 Pears, D. F., *The False Prison*, vol. 2, Oxford: Oxford University Press, 1987.

《經驗與表達：維根斯坦的心理學哲學》 Schulte, J., *Experience and Expression*: Wittgenstein's Philosophy of Psychology, Oxford: Oxford University Press, 1993.

〈維根斯坦後期心靈哲學：感覺、私人性與意向〉 Wright, C., "Wittgenstein's Later Philosophy of Mind: Sensation, Privacy, and Intention", *Journal of Philosophy*, vol. 86, 1989.

第六章

〈感覺的意向性〉 Anscombe, G. E. M., "The Intentionality of Sensation", in R. J. Butler, ed., *Analytical Philosophy,* 2nd series, Oxford: Blackwell, 1965.

《維根斯坦的心理學哲學》 Budd, M., *Wittgenstein's Philosophy of Psychology*, London: Routledge, 1989.

《維根斯坦》 Fogelin, R., *Wittgenstein*, London: Routledge, 1987.

《維根斯坦：意義與心靈》第三卷　Hacker, P. M. S., *Wittgenstein: Meaning and Mind*, vol. 3, Oxford: Blackwell, 1990.

《論在世》　Mulhall, S., *On Being in the World*, London: Routledge, 1990.

《經驗與表達：維根斯坦的心理學哲學》　Schulte, J., *Experience and Expression: Wittgenstein's Philosophy of Psychology*, Oxford: Oxford University Press, 1993.

《藝術與想像力》　Scruton, R., *Art and Imagination*, London: Methuen, 1974.

〈想像力與知覺〉　Strawson, P. F., "Imagination and Perception", in *Freedom and Resentment and other Essays,* London: Methuen, 1974.

索引

A

B

D

E

F

G

J

K

L

N

O

P

R

T

U

V

W

經典哲學名著導讀 009

1BAF

維根斯坦與《哲學研究》

Routledge Philosophy Guidebook to Wittgenstein and the Philosophical Investigations

作者　瑪麗・麥金(Marie McGinn)
譯者　李國山
發行人　楊榮川
總編輯　王翠華
主編　陳姿穎
編輯　牟怡蓁
封面設計　童安安
出 版 者　五南圖書出版股份有限公司
地址：106台北市大安區和平東路二段339號4樓
電話：(02)2705-5066
傳真：(02)2706-6100
網址：http://www.wunan.com.tw
電子郵件：wunan@wunan.com.tw
劃撥帳號：01068953
法律顧問　元貞聯合法律事務所　張澤平律師
出版日期　2012年9月初版一刷
定價　新臺幣350元

國家圖書館出版品預行編目資料

維根斯坦與《哲學研究》 / 瑪麗・麥金(Marie McGinn)；李國山譯. ——初版. ——臺北市：五南, 2012.09
面；　公分.--(經典哲學名著導讀；9)
譯自：Routledge philosophy guidebook to Wittgenstin and the Philosophical investigations
ISBN 978-957-11-6797-1(平裝)
1.維根斯坦(Wittgenstein,Ludwig, 1889-1951)
2.哲學 3.語意學 4.語言哲學
144.79　　101014427

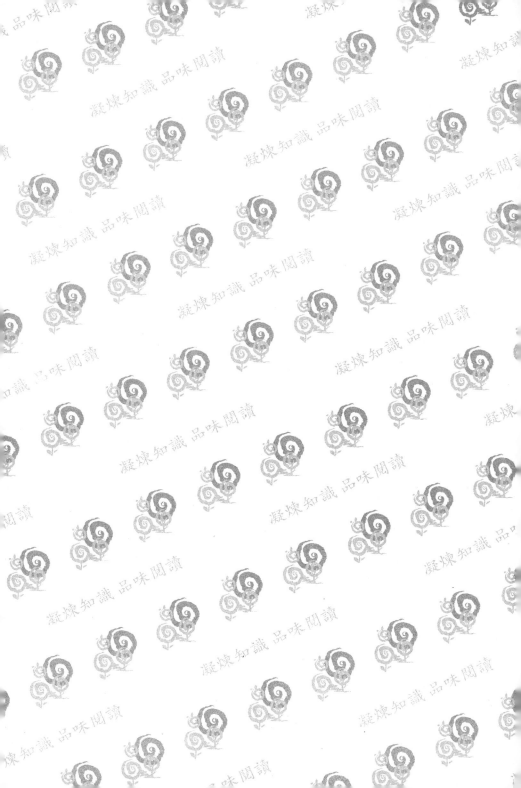